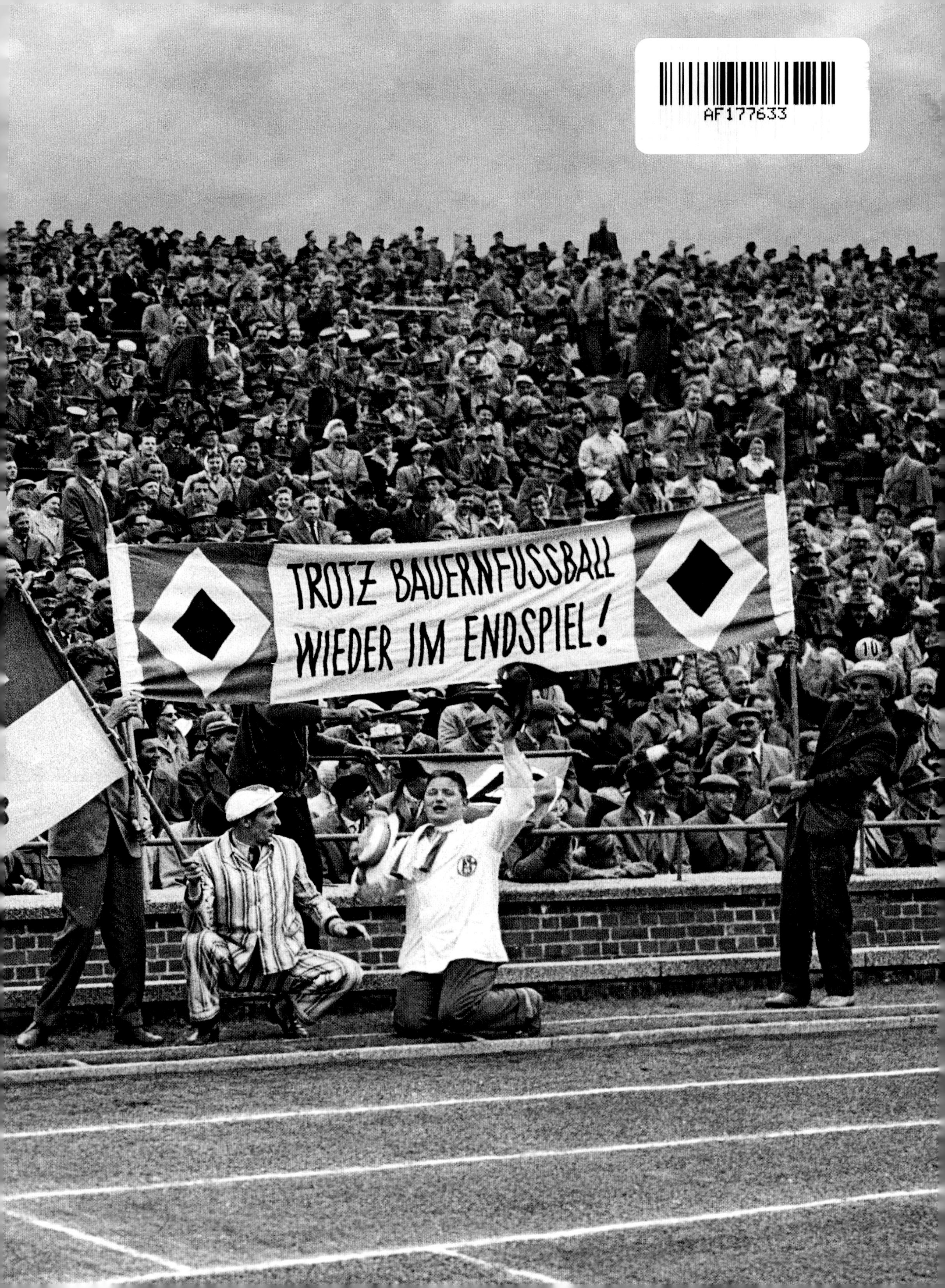
TROTZ BAUERNFUSSBALL
WIEDER IM ENDSPIEL!

DIE GRÖSSTEN TEAMS DER WELT

Legendäre Fußballmannschaften vom Hamburger SV bis Cosmos New York

Delius Klasing Verlag

Text — Philipp Köster

Was für ein Etikett: „Die größten Teams der Welt!" Was für eine Auswahl an fantastischen Mannschaften, die die Fußballgeschichte uns bietet. Und welche Enttäuschungen dieses Buch für all jene bereithält, die völlig zurecht fragen, wo denn bitte der FC Bayern von 2001, die Nationalmannschaft von 1954 oder Celtic von 1967 bleibt.

Stattdessen finden sich in diesem Buch Porträts vieler Mannschaften, die in der einen oder anderen Weise über sich hinausgewachsen sind, die sich an ihrem Zusammenhalt berauscht oder die Gunst der Stunde genutzt haben. Frei nach Stefan Zweig beschreiben wir hier also „Sternstunden des Fußballs". Eine davon, nur als erstes Beispiel, hat uns Bayer 05 Uerdingen beschert. Den legendären Kick der Werksmannschaft gegen Dynamo Dresden haben wir ja schon vor Jahren als „bestes Fußballspiel aller Zeiten" geadelt, hier würdigen wir eine andere Herkulestat, nämlich den Triumph im DFB-Pokalendspiel 1985 gegen die Bayern mit einem entfesselten Torschützen Wolfgang Schäfer, der sich irgendwann nach der großen Feier mit Freundin und Pokal verabschiedete und die goldene Trophäe neben das Bett stellte, bis mitten in der Nacht DFB-Funktionäre und die Polizei aufgeregt an der Tür schellten, weil der Cup vermisst wurde. Eine andere Sternstunde, die heute noch den Zeitzeugen die Gänsehaut auf den Rücken treibt, ist der Triumph der Magdeburger Regionalauswahl im Europapokal gegen den AC Milan. Das entscheidende Tor durch Wolfgang Seguin, die verdutzten Mienen der hochgewetteten Italiener, die Ehrenrunde in weißen Bademänteln, die umjubelte Heimkehr nach Magdeburg – all das war ein modernes Fußballmärchen, der größte Triumph des DDR-Klubfußballs und unbedingt eine Geschichte, die wir in diesem Buch erzählen wollten.

Natürlich: Was bei uns ein berühmtes Spiel und eine große Mannschaft war, ist anderswo nur eine lexikalische Randnotiz. Die Kölner Elf um Heinz Flohe etwa, die 1978 das Double holte, ist hierzulande und vor allem im Rheinland legendär, schon im näher gelegenen Ausland hingegen nur etwas für Kenner und Spezialisten. Umso mehr haben wir uns um einen globalen Blick bemüht, etwa auf den schwedischen Durchstarter aus Göteborg, die CSSR als Europameister, die fröhlichen Showkicker von Cosmos New York in der Saison 1977 oder natürlich Uruguay, den sensationellen Weltmeister von 1950.

Letztere Geschichte vereint und verdichtet übrigens alles, was ein großes Team ausmacht: Ein Außenseiter, der über sich hinauswächst. Ein Stadion, das bis zum letzten Platz mit erwartungsvollen Fans des Gegners gefüllt ist. Und ein Drama bis zur letzten Minute. Das ist – bei aller brasilianischen Trauer – große und fesselnde Unterhaltung, vom Torschützen Alcides Ghiggia über den unglückseligen Keeper Moacyr Barbosa bis hin zu Jules Rimet, den legendären FIFA-Präsidenten, dessen Erinnerungen eine Ahnung von der Größe und Tragik dieses Abends geben. „Durch die Tunnel der Riesentribüne begab ich mich zur Siegesfeier, um den Brasilianern die Trophäe zu überreichen", schrieb Rimet. „Als ich auf den Platz kam, herrschte Totenstille. Uruguay hatte eben sein zweites Tor geschossen und war Weltmeister. Plötzlich gab es keine Ehrengarde mehr, keine Nationalhymne, keine Ansprache vor dem Mikrofon, keine Siegesfeier. Ich fand mich allein inmitten der Volksmenge, von allen Seiten bedrängt, mit dem Pokal in meinen Händen, ohne zu wissen, was ich tun sollte. Ich hielt nach dem uruguayischen Kapitän Ausschau und überreichte ihm – fast im Geheimen – den Pokal." Heute ist diese Mannschaft eine Legende und das Spiel als *Maracanaço* in Brasilien ein stehender Begriff für einen unfassbaren, nicht für möglich gehaltenen Schock.

Im 11 FREUNDE-Magazin haben wir (in der Rubrik „Jahrhundertelf") die Mannschaften meistens mit einem Bild auf dem Rasen illustriert und uns gegen Fotos ganzer Kader entschieden. Nicht weil wir den Einfluss und die Kraft der Ersatzspieler, Mannschaftsärzte und Co-Trainer geringschätzen. Aber wir wollten zeigen, dass die eigentliche Magie dieser Teams auf dem Platz entsteht, nach dem Anpfiff, im Zusammenspiel ganz unterschiedlicher Charaktere. An kaum einem Team wird das so deutlich wie an der legendären Mannschaft von Manchester United, die 1968 endlich den Pokal der Landesmeister holte, zehn Jahren nach der Tragödie von München, als bei einem Flugzeugabsturz viele Spieler starben. Einige der Überlebenden, etwa Bobby Charlton und Bill Foulkes, waren in Wembley dabei, als Benfica Lissabon mit 4:1 geschlagen wurde. Sie trugen schwer an den Erinnerungen und hätten wohl diesen Pokal nie geholt, wäre nicht einer der größten Fußballer aller Zeiten in ihrem Team gewesen, der nordirische Lebemann George Best, der auf dem Platz so leichtfüßig und wagemutig sein konnte wie in den Bars der Stadt nach Feierabend. Und wer da nicht alles noch auf dem Platz stand: Alex Stepney, der legendäre Keeper, Brian Kidd, der spätere Assistent von Alex Ferguson, und natürlich der Haudegen Nobby Stiles, der vor manchen Spielen die Prothese seiner Vorderzähne herausnahm, um die Gegner einzuschüchtern.

Ganz wunderbare Geschichten sind das, aber natürlich auch schon ein Weilchen her. Wie überhaupt auffällt, dass die aktuellste Mannschaft, die wir in diesem Buch porträtieren, die deutsche Elf von 2006 ist. Verklären wir da also zu sehr die Teams von früher und

Legenden können *sich erst mit Abstand* formen, durch Anekdoten, Geschichten und Erinnerungen

ignorieren die filigrane und rasante Spielkultur von heute? Natürlich ist das nur eine rhetorische Frage, die wir guten Gewissens verneinen können. Es ist vielmehr so, dass sich Legenden erst mit gewissem Abstand formen können, durch Anekdoten, Geschichten und Erinnerungen. Aber natürlich spielt auch ein bisschen hinein, dass der Profifußball früherer Jahrzehnte noch nicht so durchorganisiert, so professionell und überraschungsvermeidend daherkam wie heute.

Das minderte zwar die sportliche Qualität, sorgte aber zuverlässig für jene Ausbrüche aus Konventionen, für Improvisationen und Konflikte, die im Rückblick eine Mannschaft als besonders definieren. Meine Lieblingsgeschichte dieses Buches ist deshalb auch die des FC Wimbledon, des krassen Außenseiters, der 1988 im FA-Cup-Finale dem großen Favoriten FC Liverpool eine lange Nase drehte. Nun habe ich ohnehin ein Faible für richtige Kloppermannschaften, die mangelnde Spielintelligenz durch rüden Körpereinsatz und eingeflogene Grätschen ausgleichen. Der FC Wimbledon war jedoch sogar unter den harten Truppen ein Spezialfall und wurde nicht umsonst *Crazy Gang* gerufen. Ein Haufen gewissenloser Raubeine, die den ganzen Tag damit beschäftigt waren, sich schwachsinnige Streiche für die Klubführung oder die Mannschaftskollegen auszudenken. Kein Wunder, dass sich in den Verträgen vieler Spieler der Passus wiedergefunden haben soll, dass die Profis bei Niederlagen mit vier oder mehr Toren Unterschied eine Opernaufführung besuchen müssten. Zumindest nach dem FA-Cup-Finale wurde stattdessen gefeiert und gesoffen, es endete nämlich 1:0, ein Kopfball von Lawrie Sanchez entschied die Partie.

Eine wunderschöne Geschichte, die heute so sicher nicht mehr möglich wäre, schon weil für sportlichen Erfolg eine einigermaßen gottesfürchtige Lebensweise eherne Voraussetzung ist. Nur wenige können wie Sturmlegende Sascha Mölders mit prächtigem Ranzen in der 3. Liga auflaufen und trotzdem Erfolg haben. Wir sind uns aber sicher, dass immer wieder neue Mannschaften auftauchen werden, die uns begeistern und faszinieren. Und von denen wir in einem Nachfolgeband behaupten, sie seien die größten Teams der Welt. ——

FEYENOORD ROTTERDAM 1970

Text — Max Dinkelaker

Völlig unerwartet feierte der Klub aus der Hafenstadt den zu diesem Zeitpunkt *größten Erfolg des niederländischen Fußballs* – und änderte deswegen sogar seinen Vereinsnamen

Hinten (von links): Trainer Ernst Happel, Guus Haak, Eddy Pieters Graafland, Rinus Israel, Theo van Duivenbode, Theo Laseroms, Cor Veldhoen, Piet Romeijn, Eddy Treijtel, Joop van Daele, Piet Vrauwdeunt, Physio Gerard Meijer; Vorne (von links): Wim van Hanegem, Ove Kindvall, Franz Hasil, Henk Wery, Wim Jansen, Coen Moulijn

Oben: In der 117. Minute trifft
Ove Kindvall (Nummer 9) zum 2:1.
Celtics Spieler wissen,
dass dies die Entscheidung ist.

Unten: Am nächsten Tag feiern
Hunderttausende den zu diesem
Zeitpunkt größten Erfolg
des niederländischen Fußballs.

Noch weist die Anzeigetafel ein 1:1 aus, doch Kindvall hat Torwart Evan Williams überlupft und sieht den Ball ins Netz fliegen.

Kapitän Rinus Israel und
Piet Romeijn (links) sind die ersten
Holländer, die einen Europa-
pokal in die Höhe halten dürfen.

Hinten (von links): Co-Trainer Günter Konzack, Stellvertretender Vorsitzender Günter Behne, Siegmund Mewes, Wolfgang Abraham, Manfred Zapf, Wolfgang Seguin, Trainer Heinz Krügel, Jürgen Sparwasser (ganz verdeckt), Bernd Dorendorf (halb verdeckt), Detlef Enge, Stadionordner, Hans-Werner Heine; Vorne (von links): Jörg Ohm, Helmut Gaube, Detlef Raugust, Martin Hoffmann, Ulrich Schulze, Axel Tyll, Jürgen Pommerenke, Hans-Jürgen Hermann

Oben: Milans Torwart Pierluigi Pizzaballa und Angelo Anquiletti (genannt „der Aal") kommen Martin Hoffmann zuvor.

Unten: Doch am Ende findet die Jubelfeier in der Magdeburger Kabine statt. Aber wo ist eigentlich der Rotkäppchen-Sekt?

Zuerst fallen einem diese vermaledeiten Bademäntel ein. Aber wo sonst hat man schließlich gesehen, dass eine Mannschaft, die den größten Sieg in der Geschichte ihres Klubs feiert, auf der Ehrenrunde und beim Siegerfoto weiße Bademäntel trägt? Bis heute sind sie untrennbar mit dem größten Tag des DDR-Vereinsfußballs verbunden: dem Sieg des 1. FC Magdeburg im Finale des Europacups der Pokalsieger über den AC Mailand. Doch warum eigentlich feierten die Magdeburger weiß frottiert? In Magdeburg hielt sich eine Zeit lang die Mär, die seltsamen Kleidungsstücke wären „Malimo-Bademäntel aus Limbach-Oberfrohna" gewesen – volkseigene Produktion also. Dabei hatten die Spieler des FCM sie vom Stadionpersonal bekommen und später wieder abgeben müssen. Die Erklärung dafür: Das Finale fand in Rotterdam statt, und in Holland gibt es die über hundertjährige Tradition, dass Pokalsieger weiße Bademäntel tragen. Dieser Brauch, der zu den seltsamsten der Fußballwelt gehört, wurde 1974 ganz Europa vorgeführt.

Wobei man ehrlicherweise sagen muss, dass Europa so viel davon nicht mitbekam. Nur 4.641 Zuschauer waren ins Stadion De Kuip gekommen, weil aus der DDR niemand anreisen durfte und die Favoritenrolle zu eindeutig vergeben war, um das Publikum zu elektrisieren. Titelverteidiger AC Mailand, trainiert von Giovanni Trapattoni, kam mit Weltstars wie Gianni Rivera oder Karl-Heinz Schnellinger, während der 1. FC Magdeburg nur Spieler aus dem eigenen Bezirk aufwies. Sie stammten aus Wegeleben, Stapelburg, Darlingerode und Gommern, und viele von ihnen waren beim SKET beschäftigt, dem „Schwermaschinen-Kombinat Ernst Thälmann". Trainiert wurde abends nach der Arbeit, mit dem Fahrrad fuhren die Spieler zum Vereinsgelände im Stadtteil Cracau. Wie die „Lisbon Lions" von Celtic Glasgow 1967 war der 1. FC Magdeburg ein Europacupsieger, dessen Spieler ausschließlich aus der Region stammten.

Möglich war das, weil Goliath überheblich wurde und David listig. Der „Kicker" erinnerte in seinem Vorbericht zum Finale an die biblische Geschichte von dem Riesen und dem Hirten mit der Schleuder, und Magdeburgs Trainer Heinz Krügel trug sie vor dem Spiel in der Kabine tatsächlich vor. Der geschickte Psychologe und große Motivator nahm seinen Spielern so die Angst vor dem großen Spiel und die Ehrfurcht vor dem Gegner. Der verhalf den Außenseitern mit einem Eigentor kurz

— Ulrich Schulze
Kurz vor dem Finale meldete sich der Keeper verletzt ab, konnte dann aber doch spielen.

— Detlef Enge
Musste schon mit 25 Jahren die Karriere beenden und zog sich völlig zurück.

— Manfred Zapf
Der Mannschaftskapitän wurde später Nationaltrainer und arbeitete nach der Wende auf der FCM-Geschäftsstelle.

— Wolfgang Abraham
Der gelernte Außenstürmer wurde zum zuverlässigen Vorstopper, so auch im Finale.

— Martin Hoffmann
Der Goldjunge des DDR-Fußballs war auch bei der WM 1974 und beim Olympiasieg 1976 dabei.

— Helmut Gaube
Der Einsatz im Finale war erst das zweite Spiel des Defensivexperten in diesem Wettbewerb.

— Axel Tyll
Der Mittelfeldspieler bereitete das 2:0 vor. Nach dem Ende seiner Karriere arbeitete er als Sportlehrer an einer Schule.

— Jürgen Pommerenke
Hochtalentierter Mittelfeldregisseur, der in jeder europäischen Spitzenmannschaft hätte spielen können.

— Detlef Raugust
Mit erst 19 Jahren war der Rechtsaußen der Youngster im Team. Wurde im Laufe seiner Karriere Rechtsverteidiger und danach Masseur.

— Wolfgang Seguin
Der Schütze des Siegtors wurde „Paule" genannt, weil er in seiner Kindheit ständig in der Nähe des gleichnamigen Torwarts herumstrich.

— Jürgen Sparwasser
1974 war sein Jahr. Schoss im Halbfinale gegen Sporting Lissabon zwei von drei Toren und bei der WM den Siegtreffer der DDR gegen die BRD.

vor der Pause zur Führung, danach fand Milan nie mehr in die Partie zurück. Die Magdeburger machten derweil das Spiel ihres Lebens, Wolfgang Seguin schoss noch das zweite Tor, dann war Schluss – und die Bademäntel kamen.

In der Kabine knallten die Rotkäppchen-Korken. Mannschaftsleiter Günter Behne hatte den Sekt heimlich beim Abflug in Berlin-Schönefeld gekauft. Staatsratsvorsitzender Erich Honecker übermittelte seine Gratulation, ohne sich des Überschwangs verdächtig zu machen: „Liebe Sportfreunde! Ich beglückwünsche Sie sehr herzlich zu dieser hervorragenden Leistung und wünsche Ihnen auch weiterhin besten Erfolg." Ähnlich hielt es die „Magdeburger Volksstimme". Sie machte mit der Schlagzeile „Feierliche Ehrung für sowjetische Helden" auf und vermeldete lediglich rechts oben auf der Titelseite staubtrocken: „1. FC Magdeburg – AC Mailand 2:0." Das wussten die Fans, sie hatten's doch noch im Fernsehen gesehen. Kurzfristig war das Spiel ins Programm gehievt worden, und so schaudert es jedem FCM-Fan noch heute wohlig bei der Erinnerung daran, wie Reporter Heinz Florian Oertel das zweite Tor nach Hause berichtete: „Neuer Versuch, jetzt Seguin. Seguin ist da! Schuss … Tor! … Tooooor! … Paule Seguin hat es gemacht." ──────

Trainer Heinz Krügel in verschmitzter Andacht angesichts des einzigen Europapokals, den eine DDR-Mannschaft gewann.

EINTRACHT FRANKFURT 1980

Text — Florian Nussdorfer

Mit einer aufregenden Offensive triumphiert die Eintracht zum ersten Mal im Europacup – *dabei stehen zwei der wichtigsten Spieler gar nicht auf dem Platz*

Hinten (von links): Zeugwart Toni Hübler, Jürgen Grabowski, Bernd Nickel, Werner Lorant, Ronald Borchers, Harald Karger, Fred Schaub, Norbert Nachtweih, Bernd Hölzenbein, Masseur Christian Schmidt-Rönnau; Mitte (von links): Trainer Friedel Rausch, Co-Trainer Dieter Schulte, Stefan Lottermann, Karl-Heinz Körbel, Rigobert Gruber, Bruno Pezzey, Wolfgang Trapp, Bum-kun Cha, Horst Ehrmantraut, Manager Udo Klug; Vorne (von links): Uwe Weigert, Claus-Peter Zick, Willi Neuberger, Klaus Funk, Jürgen Pahl, Helmut Müller, Michael Künast, Konditions-Trainer Arda Vural

Oben: Gleich in seinem ersten
Jahr wird Bum-kun Cha (hier gegen
den HSV) Stammspieler
der SGE und Publikumsliebling.

Unten: Siegtorschütze Fred
Schaub (hier mit Bernd Hölzenbein)
kommt leider früh bei
einem Autounfall ums Leben.

Zum ersten Mal kämpfen
zwei deutsche Klubs um einen
Europacup: Hölzenbein und
Christian Kulik vor dem Hinspiel.

Im Finale durften die Spieler laut UEFA-Regel nicht mit Werbung auflaufen. Also zogen sie sich zur Siegerehrung schnell noch um.

Eintrachts Manager Udo Klug war vor der Spielzeit 1979/80 nicht um große Worte verlegen. „Wir wollen in dieser Saison etwas machen, was noch keinem anderen gelungen ist", sagte Klug dem „Kicker". „Wir wollen nicht nur das Double gewinnen, sondern dreifach triumphieren: in der Meisterschaft, im DFB-Pokal und im UEFA-Cup." Sicher, eine Nummer kleiner hätte es auch getan. Richtig ist aber ebenfalls: Eintracht Frankfurt war um 1980 herum mit das aufregendste Team der Liga. Die Offensive um die Vereinslegenden in spe Jürgen Grabowski und Bernd Hölzenbein wurde um Bum-kun Cha ergänzt, nach der WM 1978 war Weltklasselibero Bruno Pezzey hinzugekommen. Klugs Traum platzte zwar bereits beim Pokalaus im Februar, und auch in der Liga stand am Ende nur der neunte Platz. Im UEFA-Cup jedoch brillierte die SGE. Feyenoord wurde 4:1 geschlagen, Bayern München im Halbfinale sogar 5:1. Und auch wenn Klug vermutlich anderes im Sinn gehabt hatte, war dieses Halbfinale eine Premiere, stammten doch zum ersten und bis heute einzigen Mal sämtliche Teilnehmer aus einem Land. Im zweiten rein bundesdeutschen Halbfinale setzte sich Borussia Mönchengladbach gegen den VfB Stuttgart durch – vor lediglich 22 000 Zuschauern am Bökelberg.

Denn schon damals wurde der UEFA-Cup, die heutige Europa League, von der Öffentlichkeit etwas stiefmütterlich behandelt, im Fernsehen übertrugen lediglich die dritten Programme die Spiele. Nur in Frankfurt schien, wie auch fast vierzig Jahre später, die Euphorie für den Wettbewerb etwas größer als an allen anderen Orten zu sein. Das Rückspiel gegen den FC Bayern war die einzige ausverkaufte Halbfinal-Partie. Und auch zum Finalrückspiel platzte das Waldstadion aus allen Nähten: 59 000 Fans wollten sich von der Enttäuschung des Hinspiels nicht die Hoffnung auf den ersten europäischen Triumph ihres Vereins nehmen lassen. Trotz drückender Überlegenheit hatten die Frankfurter die Partie in Gladbach kurz vor Schluss unglücklich mit 2:3 verloren.

Um zumindest ein Drittel von Klugs vollmundiger Ankündigung zu erfüllen, ordnete Trainer Friedel Rausch für den Vorabend des Spiels bereits für 22 Uhr die Nachtruhe an. Bei Zuwiderhandlung drohte den Spielern eine Geldstrafe in Höhe von 5000 DM. Ausgeschlafen war die Mannschaft also, als sie am Abend des 21. Mai 1980 die Borussen um den sehr jungen Lothar Matthäus empfing. Doch es dauerte bis zur 81. Minute, ehe

Pahl

Pezzey
Neuberger   **Ehrmantraut**
Körbel

Borchers   **Hölzenbein**
Lorant   **Nickel**

Nachtweih
Cha

— *Jürgen Pahl*
Der Keeper floh 1976 zusammen mit Nachtweih aus der DDR – und holte keine vier Jahre später mit ihm den UEFA-Cup.

— *Willi Neuberger*
Nur sieben Menschen haben mehr Bundesligaspiele bestritten als der flinke Mittelfeldmann (der auf 520 kommt).

— *Bruno Pezzey*
Der früh verstorbene österreichische Libero führte die SGE auch zum Pokalsieg 1981.

— *Karl-Heinz Körbel*
Da staunt selbst Neuberger: „Charly" hält mit 602 Einsätzen den Bundesligarekord.

— *Horst Ehrmantraut*
Heute kennt man ihn vor allem als Trainer, aber „Hotte" war als Profi für drei Vereine aktiv.

— *Werner Lorant*
Auch beim Dauerläufer hat man fast vergessen, dass er nicht als Coach „Werner Beinhart" zur Welt kam.

— *Bernd Hölzenbein*
Der Weltmeister von 1974 war bei seiner Eintracht nicht nur Spieler, sondern auch Scout, Vizepräsident, Manager, Berater und Markenbotschafter.

— *Bernd Nickel*
Hieß wegen seines harten Schusses „Doktor Hammer" und verwandelte gerne Ecken direkt.

— *Ronald Borchers*
Der Frankfurter Bub galt als Jahrhunderttalent, bestritt aber nur sechs Länderspiele. Weil man ihn nicht zu Unrecht „Disco-Ronny" nannte?

— *Bum-kun Cha*
Der Südkoreaner wurde 1998 zu „Asiens Fußballer des Jahrhunderts" gewählt und gewann den UEFA-Cup noch ein zweites Mal: 1988 mit Leverkusen.

— *Norbert Nachtweih*
Wechselte 1982 zum FC Bayern und holte dort zwar vier Meisterschaften, aber keinen Europapokal mehr.

Fred Schaub die Frankfurter erlöste und aus dem Gewühl heraus das 1:0 für Frankfurt erzielte. Gerade einmal vier Minuten zuvor hatte Rausch den erst 19 Jahre alten Stürmer für Norbert Nachtweih eingewechselt. Für die Ewigkeit festgehalten wurde der Treffer übrigens vom verletzten Harald Karger. Der Stürmer, der mit fünf Treffern wesentlich am Finaleinzug der Eintracht beteiligt war, hatte sich im Hinspiel einen Kreuzbandriss zugezogen und stand nun mit einer Kamera bewaffnet hinter dem Tor, um den historischen Triumph zu filmen.

Und doch fiel ein Wermutstropfen in den Erfolg. Wenige Wochen zuvor hatte sich Grabowski ebenfalls schwer verletzt und musste seine Karriere beenden. „Für mich persönlich waren die Finalspiele reinste Folter", klagte er später. „Da steht deine Mannschaft im Endspiel und du sitzt auf der Tribüne, weil die Schmerzen in deinem verletzten Fuß einfach nicht aufhören wollen. Das ist nicht gerecht." Nach dem Schlusspfiff trugen ihn seine Mitspieler auf Schultern durchs Stadion. „Sie sind das Symbol dieser Eintracht", sagte Frankfurts Bürgermeister Walter Wallmann später auf der Siegesfeier. „Als Ihre Kameraden Sie auf Schultern trugen, war das ein Augenblick von Trauer und Freude zugleich." ——————

Friedel Rausch blieb nur ein Jahr bei Eintracht Frankfurt, feierte aber mit der Elf vom Riederwald den größten Erfolg seiner langen Trainerkarriere.

FC PORTO 1987

Text — Uli Hesse

Portugals Meister düpierte Bayern München dank einer *„magischen Ferse"*. Es war aber nicht das letzte Mal, dass die Bayern in jenem Jahr das Nachsehen gegenüber den „Drachen" hatten

Hinten (von links): Joszef Mlynarczyk, Eduardo Luis, Celso, Inacio, Jaime Magalhaes, Joao Pinto
Vorne (von links): Rabah Madjer, Quim, Antonio André, Antonio Sousa, Paulo Futre

Oben: Die Fans des FC Porto –
hier welche aus dem Ort Grijo – halten
ihre Elf vor dem Finale
keineswegs für chancenlos.

Unten: Fast wären Norbert Eder
(links) und Rabah Madjer
Teamkollegen beim FC Bayern geworden. Aber eben nur fast.

Selbst nach dem Ende des Spiels
waren die Portugiesen nicht
einzuholen; hier läuft Joao Pinto
mit dem Pokal allen davon.

Am Abend vor dem Finale um den Europapokal der Landesmeister 1987 saß Fritz Scherer, der Präsident des FC Bayern München, im Wiener Marriott Hotel und bereitete seine Rede für das Siegesbankett am nächsten Tag vor. Als einer der mitgereisten deutschen Reporter wissen wollte, ob der Vereinsboss auch für den Fall einer Niederlage gerüstet wäre, schnappte Scherer ein. Was für eine blöde Frage! Schließlich waren die Bayern turmhoher Favorit gegen den FC Porto, der auf europäischer Ebene noch nie etwas gewonnen hatte. Nach dem Spiel gab es nicht wenige Beobachter, die in Scherers Verhalten einen Beweis für die bayerische Überheblichkeit sahen, die am Ende den Sieg gekostet

Der Gewinn des Pokals der Meister war Portos größter Erfolg – bis 2004, als die Drachen den Triumph in der Champions League wiederholten.

habe. Doch es gab ja gute Gründe für die Zuversicht der Deutschen, schließlich waren die „Drachen" aus Porto vom Verletzungspech gebeutelt: In den zwei Wochen vor dem Finale brach sich erst Vorstopper Lima Pereira das Schienbein, dann Torjäger Fernando Gomes das Wadenbein. Dass die Portugiesen trotz der Ausfälle dieser beiden Schlüsselspieler

und des Schocks eines frühen Rückstandes (durch einen Kopfball des kleinen Ludwig „Wiggerl" Kögl!) das Spiel noch drehten, zeigt vor allem eines: Der FC Bayern scheiterte nicht nur an der eigenen Überheblichkeit – sondern an einer tollen Elf. So sagte Paulo Futre nach dem Spiel: „Ich habe immer gesagt, dass wir die besseren Fußballer haben. Wir sind eine Mannschaft ohne Schwachpunkte, das hat sich heute wieder gezeigt."

Nach dem Wechsel konnten die Deutschen Portos Tempo einfach nicht mehr mitgehen; vor allem Futre lief allen Gegnern davon. Fast musste man sich wundern, dass der verdiente Ausgleich den Portugiesen erst in der 77. Minute gelang. Als er dann fiel, entschädigte

— **Joszef Mlynarczyk**
War nur 32 Monate Portos Stammkeeper, gewann aber in dieser Zeit sieben bedeutende Titel.

— **Joao Pinto**
Trainerlegende Bobby Robson sagte mal über Portos Rekordspieler (587 Einsätze): „Pinto hat zwei Herzen und vier Beine."

— **Eduardo Luis**
Holte mit den Drachen auch noch den UEFA-Supercup (gegen Ajax) und den Weltpokal. (gegen Peñarol Montevideo).

— **Celso**
Der Brasilianer kam 1985 nach Porto, um den eigentlich unverzichtbaren Eurico Gomes zu ersetzen, der sich das Bein gebrochen hatte.

— **Augusto Inacio**
Nahm für Portugal an der EM 1984 und der WM 1986 teil, führte als Trainer Sporting Lissabon zum Titel 2000.

— **Quim**
Machte im Finale von Wien zur Pause Platz für Juary.

— **Antonio Sousa**
Porto galt als Kontermannschaft ohne Spielmacher, dabei hatte der Routinier das Zeug zum Dirigenten.

— **Antonio André**
Bis zu seinem 16. Lebensjahr fuhr der Sohn eines Fischers mit seinem Vater aufs Meer hinaus.

— **Jaime Magalhaes**
Der große Motorsport-Fan durfte laut Vertrag nicht Motorrad fahren – also tat er es heimlich. Trug das Trikot seines Heimatklubs fast zwanzig Jahre.

— **Rabah Madjer**
Landete wegen einer langwierigen Verletzung dann doch nicht in der Serie A, sondern beendete seine Karriere 1991 in Porto.

— **Paulo Futre**
Dass Portos Spiel auf den Linksfuß ausgerichtet war, wusste man. („Futre hat mich begeistert", warnte Bayerns Scout Werner Olk.) Zu stoppen war er trotzdem nicht.

seine Schönheit für die lange Wartezeit: Bayern-Keeper Jean-Marie Pfaff und Andreas Brehme warfen sich dem eingewechselten Stürmer Juary entgegen, der frei vor dem Tor aufgetaucht war, und der Ball trudelte in die Mitte, wo Rabah Madjer ihn so elegant wie lässig mit seiner *calcanhar magico* – der magischen Ferse – ins Netz beförderte. Drei Minuten nach diesem berühmten Hackentor revanchierte sich der Algerier beim Brasilianer: Madjer tanzte zwei Bayern aus und flankte von der linken Seite an den langen Pfosten, wo Juary volley zum 2:1 vollendete.

Als man beim Verlierer nach dem Spiel einen Schuldigen für das Debakel suchte, wurde er schnell gefunden. Die

Kritik konzentrierte sich auf den Kapitän, Lothar Matthäus. „Wir brauchen einen neuen Regisseur", sagte Pfaff. „Lothar ist als Chef überfordert." Deshalb nahm Scherers Rede vor 500 geladenen Gästen eine ganz andere Richtung als geplant. „Es ist nicht richtig, dass jetzt alle über Lothar herfallen", mahnte der Präsident. „Es waren mehrere, die versagt haben. Wir müssen jetzt geschlossen auftreten."

Da wusste er nicht, dass ihm die nächste Blamage im Zusammenhang mit Porto erst noch bevorstand, und zwar in doppelter Hinsicht. Im August, keine drei Monate nach dem Finale von Wien, nahm der FC Bayern am Joan-Gamper-Turnier in Barcelona teil – und verlor schon wieder gegen die Portugiesen. Noch vor Ort sprach Manager Uli Hoeneß mit Madjer, um den Sohn eines Blumenhändlers zum Wechsel nach München zu bewegen. Man einigte sich mit Porto auf eine Ablöse von drei Millionen Mark, und Madjer unterschrieb Ende Oktober 1987 einen Vertrag beim FC Bayern. Er ließ sich sogar im FCB-Trikot ablichten – trug es aber am Ende nie beruflich. Sein Berater Lucidio Ribeiro glaubte, in Italien einen besseren Deal zu bekommen, und holte Madjer wieder aus dem Vertrag heraus. Hoeneß war so erzürnt, dass er Ribeiro als „größten Gangster aller Zeiten" bezeichnete. ——

Nach dem Sieg von Wien verließ der 41-jährige Trainer Artur Jorge den FC Porto und übernahm den Racing Club Paris.

ROTER STERN BELGRAD 1991

Text — Uli Hesse

Die Wunderelf aus Jugoslawien hat nie den Ruhm ernten können, den sie verdient hat, weil ihre einzigartige Klasse *von den Wirren der Weltgeschichte* überschattet wurde

Hinten (von links): Stevan Stojanovic, Sinisa Mihajlovic, Robert Prosinecki, Miodrag Belodedici, Ilija Najdoski, Slobodan Marovic; Vorne (von links): Vladimir Jugovic, Dragisa Binic, Darko Pancev, Dejan Savicevic, Refik Sabanadzovic

Oben: Rund 18 000 Fans
begleiten Roter Stern zum Endspiel ins Stadion San
Nicola im italienischen Bari.

Unten: Robert Prosinecki,
der als Kind sogenannter Gastarbeiter
in Deutschland zu Welt kam,
mit dem wertvollsten Europapokal.

Das Schlagwort von der „letzten Chance" wird oft überstrapaziert, schließlich bekommt man gerade im Sport immer wieder eine neue Gelegenheit, sich zu beweisen. Doch im Fall der Elf, die 1991 den größten Erfolg in der Geschichte des Fußballklubs Roter Stern aus Belgrad errang, ist dieser Ausdruck ausnahmsweise angebracht. Ein halbes Jahrzehnt lang hatte Sportdirektor Dragan Dzajic, selbst eine Belgrader Vereinslegende, am Aufbau einer Mannschaft gewerkelt. Und als er dann endlich die sensationelle Truppe beisammen hatte, die 1990 das Double in Jugoslawien holte, kam ihm die Weltgeschichte in die Quere. Der Eiserne Vorhang zerschliss, die Grenzen bröckelten, das Vielvölkerreich zerfiel. Und mit ihm auch Roter Sterns Wunderelf, denn deren Stars konnten plötzlich für harte Devisen ins Ausland wechseln. Dragan Stojkovic, der begnadete Regisseur, wurde schon direkt nach der Meisterschaft für sagenhafte 16 Millionen Mark an Olympique Marseille verkauft, und die nächsten Abschiede bahnten sich an, so zappelte der im Schwarzwald geborene Mittelfeldstratege Robert Prosinecki bereits im Frühjahr 1991 fest an der Angel von Real Madrid.

Zwar sollte es Dzajic gelingen, seine vier Kronjuwelen – Dejan Savicevic, Darko Pancev, Sinisa Mihajlovic und Vladimir Jugovic – trotz der eskalierenden politischen Lage noch für ein weiteres Jahr in der Heimat zu halten, doch im Sommer 1992 landeten sie schließlich alle in der italienischen Serie A, während Abwehrspieler Ilija Najdoski und Libero Miodrag Belodedici nach Spanien gingen. In weniger als zwei Jahren wurde eine einzigartige Ansammlung von Könnern auf diese Weise in alle Winde zerstreut. Doch bevor es so weit war, schrieben sie noch ihre Namen in die Geschichtsbücher und gewannen als erst zweite – und bis heute letzte – osteuropäische Mannschaft den Pokal der Landesmeister.

Dass sie dafür hierzulande nicht die Würdigung bekommen, die sie verdient haben, hat zwei Gründe. Da wäre erstens die Tatsache, dass das Finale von 1991 vielleicht das schlechteste in der Geschichte des ganzen Wettbewerbs war, der bald Champions League heißen sollte. Und zweitens, dass unter den Opfern auch Deutsche waren. Zuerst biss sich Dynamo Dresden im Viertelfinale die Zähne an Belgrad aus. Eine Runde später bekam es der FC Bayern mit den Künstlern aus Jugoslawien zu tun. Ein von Torjäger Pancev abgeschlossener Spielzug der Extraklasse (über sechs Stationen kam der Ball in zwölf Sekunden von

— **Stevan Stojanovic**
Der Kapitän wechselte nach der Saison zu Royal Antwerpen, wo er mit Hans-Peter Lehnhoff spielte.

— **Refik Sabanadzovic**
Wurde in den Neunzigern noch dreimal Meister in Griechenland mit AEK Athen.

— **Ilija Najdoski**
Stand im Kader für die EM 1992, bevor die UEFA Jugoslawien vom Turnier ausschloss.

— **Miodrag Belodedici**
Der rumänische Libero hatte den wichtigsten Pokal Europas schon 1986 mit Steaua Bukarest geholt.

— **Slobodan Marovic**
Der Montenegriner gewann 1994 mit IFK Norrköping den Pokal in Schweden.

— **Robert Prosinecki**
Das Supertalent war später bei Real Madrid und dem FC Barcelona, hatte aber oft Verletzungspech.

— **Vladimir Jugovic**
Holte mit Juventus den Pokal 1996 erneut, diesmal unter dem Namen Champions League, aber wieder im Elfmeterschießen.

— **Dejan Savicevic**
Der Tempodribbler ging 1992 zum AC Mailand und gewann dort viele Titel, so die Champions League 1994.

— **Darko Pancev**
Bekam 1991 als bester Torschütze Europs den „Goldenen Schuh", spielte im Karriereherbst noch für den VfB Leipzig und Fortuna Düsseldorf.

— **Sinisa Mihajlovic**
Der Experte für Standards feierte große Erfolge in Italien, so wurde er zum Beispiel mit Lazio Meister und gewann den Europacup der Pokalsieger 1999.

— **Dragisa Binic**
Der Routinier hatte in Frankreich und Spanien in der zweiten Liga gespielt, bevor er 1990 zu Roter Stern zurückkam.

einem Strafraum zum anderen) sowie ein Konter, bei dem Jürgen Kohler von Savicevic überlaufen wurde, sorgten für Belgrads 2:1-Sieg in München. Trotzdem durften die Deutschen im Rückspiel auf eine Verlängerung hoffen, bis Klaus Augenthaler und Raimond Aumann in der letzten Minute ein so berühmtes wie bizarres Eigentor fabrizierten. Im Finale, das 120 quälende Minuten lang torlos blieb, hatten dann Franz Beckenbauer und Holger Osieck das Nachsehen, der Technische Direktor und der Co-Trainer von Olympique Marseille.

Roter Stern traf im Finale also ausgerechnet auf den Klub, zu dem vor Saisonbeginn Stojkovic gewechselt war. Der zu diesem Zeitpunkt fünftteuerste Spieler aller Zeiten schmorte 112 Minuten auf der Bank und musste dann mitansehen, wie seine Ex-Kollegen das Elfmeterschießen gewannen. Alle fünf Schützen aus Belgrad verwandelten ihren Strafstoß äußerst sicher, während Manuel Amoros gleich mit dem ersten französischen Versuch an Torwart Stevan Stojanovic scheiterte. Marseilles Präsident Bernard Tapie sagte konsterniert: „Wenn man weiß, wie viele Millionen wir investiert haben, dann muss man Hochachtung vor Roter Stern Belgrad haben. Ich musste heute lernen, dass man mit Geld nicht alles kaufen kann." —

Ljupko Petrovic führte den FK Vojvodina zum Meistertitel 1989 und übernahm ein Jahr später die Elf von Roter Stern.

URUGUAY 1950

Text — Christoph Biermann

Sie waren an Brasiliens großem Tag eigentlich nur als Statisten vorgesehen. Doch dann brachte das Tor von Ghiggia *das Maracana-Stadion zum Schweigen,* und Uruguay jubelte

Hinten (von links): Fitnesscoach Carlos Abate, Obdulio Varela, Trainer Juan Lopez Fontana,
Juan Carlos Gonzalez, Co-Trainer Romeo Vazquez, Eusebio Tejera, Matias Gonzalez, Roque Maspoli, Victor Andrade,
Physio Juan Kirschberg; Vorne (von links): Betreuer Mario Alvarez, Schubert Gambetta,
Alcides Ghiggia, Julio Perez, Oscar Miguez, Juan Schiaffino, Ruben Moran, Masseur Ernesto Figoli

Oben: Liveübertragung
im Radio vom Wimpeltausch der
beiden Kapitäne August
(Brasilien) und Obdulio Varela.

Unten: Nur elf Minuten sind noch
zu spielen, als Ghiggia
das Leben von Keeper Barbosa in
einen Alptraum verandelt.

Am liebsten wird diese Geschichte als die einer Niederlage erzählt, als einer der größten in der Geschichte des Weltfußballs. Denn natürlich war Brasilien Favorit bei der WM 1950. Das größte Land Südamerikas hatte die Fußballwelt zu sich eingeladen, um zu zeigen, wozu es auf dem Rasen und jenseits davon in der Lage war. Das Symbol dafür war das neue Estadio do Maracana in Rio de Janeiro. Nie zuvor war ein größeres Fußballstadion gebaut worden, nie danach sollte ein größeres entstehen. 200 000 Zuschauer fanden Platz im gewaltigen Rund, und am 16. Juni 1950 war es bis auf den letzten Platz gefüllt, denn jeder wollte dabei sein, um Brasiliens ersten Weltmeistertitel zu feiern. Es war kein Endspiel, das an jenem Tag zwischen Brasilien und Uruguay stattfand, denn bei diesem Turnier sollte der Beste einer Finalrunde den Titel gewinnen.

Die Sache schien trotzdem klar, denn Brasilien hatte die ersten beiden Spiele in der Endrunde gegen Schweden und Spanien mit 7:1 und 6:1 gewonnen. Uruguay hingegen hatte gegen Spanien nur unentschieden gespielt (2:2) und Schweden erst durch zwei späte Tore 3:2 besiegt. Es war also kein gewaltiger Übermut, dass die Zuschauer im Maracana schon vor dem Spiel den Titelgewinn besangen. Auch FIFA-Präsident Jules Rimet hatte seine Rede auf den neuen Weltmeister Brasilien schon längst geschrieben, als er im Stadion ankam. Aber vielleicht hätte das mit den Erinnerungsmünzen nicht passieren dürfen, die den brasilianischen Spielern bereits am Vorabend überreicht worden waren. Aufschrift: „Den Weltmeistern."

Andererseits brauchten sie nur ein Unentschieden und gingen kurz nach der Pause sogar in Führung. Doch als sich Jules Rimet eine Viertelstunde vor Schluss von seinem Platz hoch oben in der Loge aufmachte, um unten auf dem Rasen rechtzeitig den Pokal übergeben zu können, hatte Uruguay ausgeglichen. Ein Konter über Rechtsaußen Alcides Ghiggia landete bei Spielmacher Juan Schiaffino, der volley abzog: 1:1. Rimet war noch auf dem langen Weg durch die Katakomben, als es plötzlich gespenstisch still wurde. Es war „das tosendste Schweigen in der Geschichte des Fußballs", so jedenfalls schrieb der große uruguayische Schriftsteller Eduardo Galeano über diesen Moment. Der Reporter Ary Barroso, der das Spiel für das brasilianische Radio übertrug, schwieg sogar weiter: Er kommentierte nie wieder ein Fußballspiel. Elf Minuten vor Schluss hatte Ghiggia aus spitzem

Maspoli

M. Gonzalez   **Tejera**

Gambretta   **Varela**   **Andrade**

Pérez   **Schiaffino**

Ghiggia   **Moran**

Miguez

— *Roque Gaston Maspoli* Als Ex-Verteidiger wurde der Keeper zum Urvater aller mitspielenden Torhüter.

— *Matias Gonzalez* Der kämpferische Verteidiger verdiente sich im entscheiden Spiel den Namen „Löwe von Maracana".

— *Eusebio Tejera* Der Verteidiger wurde stets für seinen Mut und sein Temperament gelobt.

— *Victor Andrade* Arbeitete nach dem Ende seiner Spielerkarriere zwanzig Jahre als Pförtner im Parlamentsgebäude von Montevideo.

— *Schubert Gambetta* Hieß wegen seiner trickreichen Spielweise „der Affe".

— *Obdulio Varela* Der Anführer im Team ließ seine Mitspieler vor dem Anpfiff auf die Zeitung „O Mundo" pinkeln, die Brasilien schon als Weltmeister feierte.

— *Julio Perez* Für den damals 24-jährigen Mittelfeldspieler war der WM-Titel der erste seiner Karriere überhaupt.

— *Juan Schiaffino* Der Spielmacher Uruguays spielte wegen seiner italienischen Wurzeln ab 1954 für den AC Milan und Italiens Nationalteam.

— *Alcides Ghiggia* Als der Matchwinner nach dem Karriereende in Geldnot geriet, musste er seine Finalmedaille verkaufen. Ein Geschäftsmann ersteigerte sie und gab sie ihm zurück.

— *Oscar Miguez* Mit acht Toren bei WM-Endrunden, fünf davon 1950 in Brasilien, ist er bis zum heutigen Tag der uruguayische Spieler mit den meisten WM-Toren.

— *Ruben Moran* Rutschte wegen einer Verletzung von Linksaußen Vidal ins Team. Mit 19 Jahren und 344 Tagen der damals jüngste WM-Spieler aller Zeiten.

Winkel ins kurze Eck des brasilianischen Tores getroffen – und damit das Leben von Keeper Moacyr Barbosa in einen Alptraum verwandelt. Denn sein Land entschied sich, dass dieser Torwart die Schuld an der Niederlage trug. Offener Rassismus spielte dabei auch eine Rolle. Ein schwarzer Torwart, sagten viele, könne doch nie so verlässlich sein wie ein weißer. Noch Jahrzehnte später zeigte eine Frau in Santos am Strand auf ihn und rief laut: „Das ist der Mann, der uns die Weltmeisterschaft verloren hat." Als der 72-jährige Barbosa den Spielern der Selecao 1993 viel Glück wünschen wollte, wurde er am Tor zum Trainingscamp abgewiesen, weil er Pech brachte. Das Land hatte die Niederlage an den armen Barbosa ausgelagert – ein Drama.

„In meinen Augen war das kein Torwartfehler", hat Torschütze Ghiggia später oft gesagt. Vermutlich auch, weil er über Uruguays Sieg und nicht Brasiliens Niederlage reden wollte. Ein weiterer großer Erfolg der kleinen Nation, die immer wieder so viele Talente hervorbringt. Die elf Spieler, die in Rio siegten, kamen aus nur vier Klubs in nur einer Stadt. Sie spielten bei den beiden Großmächten in Montevideo, bei Peñarol und Nacional, sowie den kleineren CA Cerro und Central Español FC. Eine Stadtauswahl hatte Brasilien besiegt. ▬▬

Juan Lopez Fontana, hier mit Schiaffino, Ghiggia und Ernesto Vidal, wurde 1946 Cheftrainer der Nationalelf, mit gerade 38 Jahren.

FC BOLOGNA 1964

Text — Uli Hesse

Ein Sieg der Gerechtigkeit: Nicht einmal ein feiges Komplott *hielt die Rossoblu auf* – die Elf um Helmut Haller holte die bis heute letzte Meisterschaft des Klubs aus der Emilia-Romagna

Hinten (von links): Franco Janich, Paride Tumburus, Romano Fogli, Carlo Furlanis, William Negri, Trainer Fulvio Bernardini; Vorne (von links): Mario Perani, Giacomo Bulgarelli, Harald Nielsen, Helmut Haller, Ezio Pascutti, Mirko Pavinato

Oben: Es wirkt wie *la dolce vita*, doch Haller und seine Kollegen bereiten sich Anfang Juni 1964 auf das Spiel gegen Inter vor.

Unten: Einige Tage später führt der Deutsche, den sie in Italien natürlich *il biondo* nannten, die Rot-Blauen zur Meisterschaft.

Als der deutsche Nationalspieler Helmut Haller im Sommer 1962 seine Heimat verließ und sich dem FC Bologna anschloss, dürfte er geahnt haben, dass ihm in der Fremde einige aufregende Abenteuer bevorstehen würden. Doch mit dem Schurkenstück, das schon in seiner zweiten Saison in Italien aufgeführt wurde, konnte er nicht rechnen – schließlich reden wir hier von einer der mysteriösesten Gaunereien in der gesamten Geschichte des Fußballs. Die Geschichte nahm ihren Anfang am 1. März 1964, als Tabellenführer Bologna das Spitzenspiel beim AC Mailand mit 2:1 gewann, auch dank des damals 24-jährigen Haller, der den Ausgleich vorbereitete. Damit schien die erste Meisterschaft des Vereins seit 23 Jahren zum Greifen nah.

Doch nur drei Tage später platzte die Bombe. Der Verband gab bekannt, dass fünf Spieler aus Bologna nach der Partie gegen den FC Turin vier Wochen zuvor positiv auf das Dopingmittel Sympamin getestet worden waren: Kapitän Mirko Pavinato, Romano Fogli, Paride Tumburus, Marino Perani und Ezio Pascutti. Nun brach totales Chaos aus. Der Klub bekam drei Punkte abgezogen, Trainer Fulvio Bernardini wurde ebenso gesperrt wie die fünf vermeintlichen Übeltäter. In Bologna gingen Tausende auf die Straßen, weil sie eine Verschwörung witterten; in Florenz wurde Professor Pietro Niccolini, der Leiter der Untersuchungskommission, vor seinem Haus verletzt und bewusstlos aufgefunden. (Da er sich an nichts erinnern konnte, ging die Polizei davon aus, dass er sich seine Kopfwunde bei einem Sturz von der Treppe zugezogen hatte. Warum der Professor aber auch am ganzen Körper blaue Flecken hatte, erklärte diese Theorie nicht.) Der Staatsanwalt beschlagnahmte derweil die B-Proben und ließ sie untersuchen. Alle fünf waren negativ, deshalb nahmen Experten sich die A-Proben noch mal vor. Ihr Urteil: Die Ampullen waren schlecht gesichert gewesen und zeigten Spuren unsachgemäßer Behandlung. Vor allem war die in ihnen gefundene Dosis Sympamin so hoch, dass man ein Pferd damit töten konnte. Jemand musste die Proben manipuliert haben.

Am 16. Mai bekam Bologna die Punkte zurück. Allerdings war die Elf in den Wochen der Ungewissheit etwas aus dem Tritt geraten. Eine Heimniederlage gegen Inter Mailand hatte den Titelkampf noch einmal sehr spannend gemacht, und die beiden Klubs waren vor dem letzten Spieltag punktgleich. Ein von Haller verwandelter Elfmeter

— **William Negri**
Der einzige Neuzugang des Meisterteams kam von Mantova 1911 zu den Rot-Blauen.

— **Paride Tumburus**
Vicenza bezahlte 1971 für den 32-Jährigen 175 Lire – der Preis für einen Liter Benzin. Daraufhin verbot die Liga Transfers unter 100 000 Lire als unwürdig.

— **Carlo Furlanis**
Der Manndecker wollte gerade nach Australien auswandern, als Bologna ihm 1960 einen Vertrag anbot.

— **Mirko Pavinato**
Der Verteidiger kam 1956 nach Bologna und wurde drei Jahre später Kapitän.

— **Romano Fogli**
Schoss zwar in zehn Jahren nur sechs Tore für Bologna – aber eines davon war das 1:0 gegen Inter.

— **Francesco Janich**
Der Libero hält bis heute einen Rekord in der Serie A: 425 Spiele, aber kein einziges Tor.

— **Marino Perani**
Nur vier Spieler liefen öfter für Bologna auf als der Rechtsaußen, der 415-mal das rot-blaue Trikot trug.

— **Ezio Pascutti**
Nach dem Krieg schoss niemand so viele Tore für Bologna wie der Linksaußen (130 allein in der Serie A).

— **Giacomo Bulgarelli**
Als der Rekordspieler des Klubs 2009 starb, kamen zu seiner Beisetzung 7000 Menschen.

— **Helmut Haller**
Kein Deutscher spielte so oft in der Serie A wie der Augsburger, der nach sechs Jahren bei Bologna 1968 zu Juventus Turin wechselte und dort zwei weitere Meistertitel holte.

— **Harald Nielsen**
Man nannte den Stürmer il freddo Danese, den kalten Dänen. Er war in der Tat cool vor dem Tor, wie sein 2:0 gegen Inter zeigte. Dieser Klub kaufte ihn 1967 für 500 Millionen Lire – damals Weltrekord.

brachte Bologna den Sieg gegen Lazio, doch auch Inter gewann sein Spiel. Bologna besaß die bessere Tordifferenz, aber die Regeln sahen ein Entscheidungsspiel vor. Zum einzigen Mal wurde der Serie-A-Titel also in einer Art Finale vergeben.

Vier Tage vor dieser Partie traf sich Bolognas Präsident Renato Dall'Ara mit Inter-Boss Angelo Moratti, um den Ablauf zu besprechen. Während dieses Gesprächs erlitt Dall'Ara einen tödlichen Herzinfarkt. Eine Verschiebung wurde diskutiert, sogar eine Absage. Doch es wurde gespielt, und zwar am 7. Juni in Rom. Obwohl Bologna die Partie dominierte, brach erst ein Foul an Haller in der 75. Minute den Bann. Den fälligen Freistoß legte nämlich Giacomo Bulgarelli quer zu Fogli, dessen Schuss aus zwanzig Metern neben dem rechten Pfosten einschlug. Neun Minuten später gelang dem Dänen Harald Nielsen, der in der regulären Saison Torschützenkönig geworden war, das entscheidende 2:0. Bolognas siebter „Scudetto" sollte der bis heute letzte des Vereins sein. Nie geklärt wurde die Frage, wer sich an den Proben der fünf Spieler zu schaffen gemacht hatte. Viele Leute haben inzwischen den früh verstorbenen Giuseppe Viani in Verdacht, der damals Sportdirektor bei Milan war und einige Jahre vorher noch für Bologna gearbeitet hatte.

Fulvio Bernardini hatte schon den AC Florenz 1956 zum Titel geführt, in den Siebzigern wurde er sogar noch Nationaltrainer von Italien.

IFK GÖTEBURG 1982

Text — Uli Hesse

Die Halbprofis aus dem Norden *waren ein wirklich verschworener Haufen:* Vier von ihnen teilten sich einen englischen Namen, dazu kamen gleich zwei Brüderpaare

Hinten (von links): Conny Karlsson, Glenn Hysen, Funktionär Gunnar Larsson; Vorne (von links):
Dan Corneliusson, Jerry Carlsson, Glenn Strömberg, Thomas Wernerson, Glenn Schiller, Torbjörn Nilsson, Tord Holmgren,
Ruben Svensson, Stig Fredriksson, Tommy Holmgren, Hakan Sandberg, Glenn Holm, Martin Holmberg

Oben: Im Halbfinale besiegen
die Schweden Kaiserslautern. Hier
kommt Hans-Peter Briegel
zu spät gegen Dan Corneliusson.

Unten: Da ist die Hamburger
Welt noch in Ordnung. Die Kapitäne
Horst Hrubesch und
Conny Karlsson vor dem Rückspiel.

VOLKSPARKSTADION HAMBURG
H S V - IFK GOETEBORG
0 : 3

0:1 CORNELIUSSON 10 (25.)
0:2 NILSSON 9 (61.)
0:3 FREDRIKSSON 5 (65.)

Das Licht
kommt
von Philips...
...im Volkspark-Stadion

Oben: Das Grauen in Weiß
auf Schwarz. Die Anzeigentafel im
Volksparkstadion vermeldet
eine der ganz großen Sensationen.

Unten: Im schwedischen
Dauerregen bejubelt Tord Holmgren
seinen Treffer, der das
Hinspiel in Göteborg entscheidet.

Genau wie die Fans im
Gästeblock wirkt der 26-jährige
Thomas Wernerson
fast ein wenig ungläubig.

Vermutlich gibt es keinen Gewinner einer bedeutenden europäischen Trophäe, um den sich so viele Anekdoten ranken wie um die fidelen Feierabendprofis aus Göteborg, die 1982 den (damals noch) großen HSV düpierten und den UEFA-Cup errangen. Am bekanntesten sind wohl die Geschichten vom Spieler, der auf dem Klo vergessen wurde, dem Kommunisten, der nicht für sein Land spielen wollte, und dem Radioreporter, der sich als Vorstandsmitglied ausgab. Zwei dieser drei Schnurren stimmen sogar, trotzdem sollte man mit etwas anderem anfangen – den Namen. Schon ein einfacher Blick auf die Kaderliste des IFK verrät nämlich, dass es sich um keine gewöhnliche Mannschaft handelte. So trugen gleich vier Spieler den britischen Vornamen Glenn, was sich daraus erklärt, dass man die Hafenstadt Göteborg in Schweden auch Klein-London nennt, weil sie als extrem anglophil gilt. (Bis heute singen die Fans des IFK gerne „Alla heter Glenn i Göteborg": Alle heißen Glenn in Göteborg.) Es geht aber noch um einiges exzentrischer. So schrieben Jerry Carlsson und Conny Karlsson ihren Familiennamen hartnäckig unterschiedlich, obwohl die beiden nicht nur eines von zwei Brüderpaaren in der siegreichen Elf waren, sondern sogar Zwillinge!

Nun zu den Anekdoten. Ja, es stimmt, dass einer der vier Glenns – nämlich Schiller – vor dem Finalrückspiel in Hamburg in ein derart großes Geschäft vertieft war, dass er nicht merkte, wie die Mannschaft nach draußen ging und der Platzwart die Kabine verschloss. Eine Viertelstunde hämmerte Schiller verzweifelt gegen die Tür, bis ihn endlich jemand hörte und herausließ. Gerade noch rechtzeitig, denn Glenn Hysén litt unter Augenmigräne und musste ausgewechselt werden. Und es stimmt auch, dass vor dem Viertelfinale gegen den FC Valencia fast der ganze Vorstand zurücktrat, weshalb Gunnar Larsson, der einzig verbliebene Funktionär, einen Journalisten dazu überredete, sich als Vereinsvertreter auszugeben, damit er nicht ganz allein beim offiziellen Bankett sitzen musste. Der Grund für die Rücktritte waren die Finanzen. Obwohl der gesamte Kader nur 40 000 Mark im Jahr verdiente, drückten den IFK Schulden von mehr als einer Million. Larsson musste sich Geld vom Hauptsponsor leihen, um die Mannschaft überhaupt nach Spanien fliegen zu können. Dann schlug sein Team nicht nur Valencia, sondern im Halbfinale auch noch den 1. FC Kaiserslautern, was dem Klub rettende Einnahmen von 3,3 Millionen bescherte.

Wernerson

Karlsson   Hysén

Svensson   Fredriksson

Strömberg

Tor. Holmgren   Carlsson

Corneliusson   Tom. Holmgren

Nilsson

— **Thomas Wernerson**
Der Schlussmann bestritt insgesamt 370 Spiele für IFK und erzielte dabei sogar ein Tor.

— **Ruben Svensson**
Der Außenverteidiger kickte bis 1986 für IFK, dann ließ er die Karriere beim lokalen Zweitligisten Västra Frölunda IF ausklingen.

— **Conny Karlsson**
Der Abwehrchef stieg 1976 mit Göteborg wieder in die erste Liga auf – nur sechs Jahre später war er Kapitän eines Europacupsiegers.

— **Glenn Hysén**
Schwedens zweimaliger „Fußballer des Jahres" wurde 1990 in England Meister mit dem FC Liverpool.

— **Stig Fredriksson**
Der Nationalspieler war auch noch dabei, als IFK den UEFA-Cup 1987 erneut gewann.

— **Tord Holmgren**
„Turbo-Tord" kickte zehn Jahre neben seinem jüngeren Bruder Tommy für die Blau-Weißen.

— **Glenn Strömberg**
Wechselte nach dem Sieg über den HSV ins Ausland. Erst spielte er für Benfica, dann lange bei Bergamo.

— **Jerry Carlsson**
Kam mit 20 Jahren nach Göteborg und bestritt in dreizehn Saisons mehr als 500 Pflichtspiele in Blau und Weiß.

— **Dan Corneliusson**
Der schwedische Torschützenkönig der Spielzeit 1982 wurde zwei Jahre später mit dem VfB Stuttgart Vizemeister in Deutschland und zog dann weiter in die Serie A.

— **Torbjörn Nilsson**
Der Stürmerstar wechselte nach dem UEFA-Cup-Sieg zum 1. FC Kaiserslautern, für den er zwei Jahre die Stiefel schnürte.

— **Tommy Holmgren**
Familienbande: Der Linksaußen holte jeden seiner neun Titel mit seinem Bruder – und spielte exakt so oft für Schweden wie Tord (26-mal).

Nur die schöne Geschichte, dass Ruben Svensson – genannt „der Rote" – aus politischen Gründen nicht für Schweden spielen wollte, die muss hier und jetzt als urbaner Mythos enttarnt werden. „Ja, ich habe dem Nationaltrainer abgesagt, aber nicht etwa, weil ich Sozialist bin", erklärt Svensson fast vierzig Jahre später. „Ich war der Meinung, dass ich schon längst Nationalspieler sein müsste. Doch ich wurde nie berufen, weil wir beim IFK Raumdeckung spielten und die Nationalelf noch Manndeckung. Erst als wir den UEFA-Cup holten, meldete sich Nationaltrainer Lars Arnesson plötzlich. Ich war beleidigt und sagte ihm, ich hätte kein Interesse. Es war nicht gerade mein cleverster Moment, denn eigentlich wollte ich ja unbedingt für Schweden spielen."

Der Mann, der den Göteborger Halbprofis jene Raumdeckung verordnete, hieß Sven-Göran Eriksson. Bis zum großen Coup gegen den HSV war er ebenso unbekannt wie die Elektriker und Sanitäter, die er trainierte. Doch als die Schweden einem 1:0-Heimsieg ein nie für möglich gehaltenes 3:0 in Hamburg folgen ließen, stand der erst 34-jährige Coach mit einem Mal am Beginn einer turbulenten internationalen Karriere. Aber das ist wieder eine andere Geschichte. —————

Als Eriksson im Januar 1978 vom Zweitligaaufsteiger Degerfors IF nach Göteborg kam, hatten viele Spieler noch nie von ihm gehört.

KV MECHELEN 1988

Text — Uli Hesse

Der bis heute *letzte Europapokalsieger aus Belgien* schaffte die Sensation gegen Hollands beste Elf nicht zuletzt mit vier Niederländern, von denen der wichtigste wohl auf der Trainerbank saß

Hinten (von links): Graeme Rutjes, Geert Deferm, Eli Ohana, Michel Preud'homme, Piet den Boer, Erwin Koeman
Vorne (von links): Pascal De Wilde, Marc Emmers, Lei Clijsters, Koen Sanders, Wim Hofkens

Oben: Michel Preud'homme bringt
Ajax im Finale zur Ver-
zweiflung, hier kommt er vor Rob
Witschge an den Ball.

Unten: Arnold Scholten hebt
den Arm, Dieter Pauly pfeift. Doch
in der entscheidenden
Szene bleibt die Fahne unten.

Marc Emmers (rechts) möchte den
Pokal offenbar auch mal
anfassen, aber Eli Ohana wirkt nicht
so richtig ansprechbar.

„*Volksclub wint Europacup*" heißt der vor sieben Jahren entstandene Dokumentarfilm über die verblüffende Saison 1987/88 des KV Mechelen. Was genau Flamen meinen, wenn sie von einem *Volksclub* reden, das ist selten eindeutig. Manche Leute denken an einen Traditionsklub, andere an einen Verein mit sehr vielen Fans. Der Koninklijke Voetbalclub aus Mechelen galt Mitte der Achtziger zwar durchaus als Ersteres, schließlich war er 1904 gegründet worden und hatte in den Vierzigern dreimal die Meisterschaft gewonnen. Aber viele Anhänger? Nein. Mechelen war damals so groß wie Gütersloh und hatte mit kaum 8000 Zuschauern nur den siebt- oder achtbesten Schnitt der

11. Mai 1988: Der größte Tag in der Geschichte der Gelb-Roten aus Mechelen, die ihre Vereinsfarben seit 2003 auch im Namen tragen.

bescheidenen belgischen Liga. Doch es gibt noch eine dritte, schwer fassbare Bedeutung von *Volksclub*. Sie hat mit Ursprünglichkeit zu tun, mit einfachen, hart arbeitenden Menschen, die einen Klub sehr lieben, weil er alles ist, was sie haben. Solch ein Verein war der KV Mechelen auf jeden Fall. Doch wie nun wurde aus diesem *Volksclub* ein Er-

folgsklub, der 1987 den belgischen Pokal holte, sich damit zum ersten Mal für den Europacup qualifizierte und dort über Teams wie Bukarest oder Bergamo ungeschlagen ins Finale gegen das große Ajax Amsterdam marschierte?

Nun, natürlich spielte Geld eine Rolle. Als der Geschäftsmann John Cordier 1982 den Vorsitz des Vereins übernahm, baute er die Mannschaft schrittweise um. Zu ihr gehörten damals auch zwei wenig bekannte deutsche Profis: Wilhelm Reisinger und Joachim Benfeld. Lange waren sie Stützen des KVM, doch dann kamen immer mehr prominente Neuzugänge: Erst stieß der Holländer Erwin Koeman zum Team, dann die belgischen Nationalspieler Michel

Preud'homme

Sanders   Clijsters   Rutjes   Deferm

Emmers

Hofkens   Koeman

De Wilde   Ohana

Den Boer

— *Michel Preud'homme*
Nahm für sein Land an drei großen Turnieren teil und wurde zum besten Torwart der WM 1994 gewählt.

— *Koen Sanders*
Der Außenverteidiger bestritt von 1984 bis 1995 fast 400 Spiele für die Gelb-Roten.

— *Lei Clijsters*
Der leider früh verstorbene Kapitän und Libero der Siegerelf war 1988 auch „Fußballer des Jahres" in Belgien.

— *Graeme Rutjes*
Wechselte 1990 zum RSC Anderlecht, mit dem er noch viermal Meister wurde.

— *Geert Deferm*
Der laufstarke Linksverteidiger wurde wegen seiner Verlässlichkeit Stammspieler unter De Mos.

— *Wim Hofkens*
Einer von nur acht Profis, die für Holland spielten, obwohl sie ihre gesamte Karriere im Ausland verbrachten.

— *Marc Emmers*
Der vielseitig einsetzbare Techniker wurde im Finale zur entscheidenden Figur, weil er die Rote Karte provozierte.

— *Erwin Koeman*
Zusammen mit seinem jüngeren Bruder Ronald wurde er sechs Wochen nach dem Sieg in Straßburg auch noch Europameister.

— *Pascal De Wilde*
Galt als großes Talent, doch seine Karriere kam nie mehr richtig in Tritt, nachdem er Ende 1990 einen Autounfall verschuldete, bei dem zwei Menschen starben.

— *Piet den Boer*
Mechelens Top-Torjäger entschied auch das Endspiel, obwohl er seit Wochen Beschwerden am Knie hatte.

— *Eli Ohana*
Es war kein Zufall, dass der Dribbler das Siegtor gegen Ajax vorbereitete. Diego Maradona nannte ihn mal den größten Spieler, den Israel je hervorgebracht hat.

und an den kurzen Pfosten flankte, wo Den Boer den Ball ins Netz schädelte. Als deutsche Reporter nach dem Abpfiff von Benfeld wissen wollten, wie es möglich war, dass dieser Treffer den haushohen Favoriten (und Titelverteidiger) Ajax besiegte, sagte der 30-jährige Gevelsberger: „Wir haben in Mechelen keinen Star. Wir sind ein verschworener Haufen." Ein echter *Volksclub* also.

Aber es gibt noch eine zweite Erklärung, und die hat mit einem anderen Deutschen zu tun, dem Finalschiedsrichter Dieter Pauly. In der 16. Minute des Endspiels lief Mechelens Mittelfeldspieler Marc Emmers allein aufs Ajax-Tor zu, als Danny Blind ihn brutal von hinten umsenste. Heute würde das automatisch und gleich doppelt Tiefrot nach sich ziehen, doch 1988 lag die Sache komplizierter. Erst zwei Jahre später trat die Regel in Kraft, nach der Notbremsen mit Platzverweis zu ahnden sind; bis zum Rot für Grätschen von hinten dauerte es sogar noch fünf Jahre. Doch Pauly stellte Blind ohne jedes Zögern vom Feld. In Unterzahl bekam Ajax keinen Zugriff mehr, und Benfeld durfte dem „Kicker" sagen: „Das hätte ich mir nicht träumen lassen, dass ich in diesem Jahr der einzige Deutsche bin, der einen Europapokal gewinnt. Ich hätte eher an die Bayern gedacht als an mich. Und nun dieses!" ——

Sieben Jahre nach dem Triumph wurde Aad de Mos (links sein Co-Trainer Fi Van Hoof) Nachfolger von Otto Rehhagel in Bremen.

Preud'homme und Lei Clijsters (Vater von Tennisstar Kim). Wie so häufig war das entscheidende Puzzlestück der richtige Trainer. Er hieß Aad de Mos, hatte Ajax zur Meisterschaft geführt und war im Frühjahr 1985, wenige Spieltage vor dem erneuten Triumph, nach einem Streit mit dem Vorstand in Amsterdam entlassen worden.

De Mos holte im Sommer 1987 den israelischen Stürmer Eli Ohana nach Mechelen, der mit seinen Tricks und Finten gut zum eher kantigen Torjäger Piet den Boer passte. Damit war im Team kein Platz mehr für Benfeld. Er saß nur auf der Bank, als Ohana in der 53. Minute des Endspiels um den Pokal der Pokalsieger in Straßburg Frank Verlaat austanzte

PSV EINDHOVEN 1988

Text — Ron Ulrich

Bis heute steht die *Philips Sport Vereniging* etwas im Schatten von Ajax und Feyenoord, dabei kam die erfolgreichste holländische Elf der Achtziger aus Eindhoven

Hinten (von links): Jan Heintze, Ronald Koeman, Ivan Nielsen, Sören Lerby, Wim Kieft, Hans van Breukelen
Vorne (von links): Hans Gillhaus, Berry van Aerle, Gerald Vanenburg, Eric Gerets, Edvard Linskens

Oben: Das Endspiel um den
Europapokal der Landesmeister gegen
Benfica Lissabon fand im
Stuttgarter Neckarstadion statt.

Unten: Die Ruhe vor dem Sturm.
Niederländer und Portugiesen
warten im Mittelkreis auf den Beginn
des Elfmeterschießens.

Eindhovens Kapitän Gerets wurde
in Belgien und Holland
achtmal Meister, doch dies war
sein größter Moment.

Als sich Mario Götze im Herbst 2020 der PSV Eindhoven anschloss, war landläufig die Rede davon, dass der Weltmeister nun aus dem Rampenlicht trete. Es wirkte in der öffentlichen Betrachtung, als würde der Klub des deutschen Trainers Roger Schmidt und des Nationalspielers Philipp Max fernab des Profifußballs agieren. Dabei genießt Eindhoven noch immer eine große Reputation im europäischen Spitzenfußball – und das liegt vor allem an der Zeit Ende der achtziger und zu Beginn der neunziger Jahre. Sechs Mal in sieben Jahren krönte sich der Klub dabei zum niederländischen Meister, wurde 1988 sogar Europapokalsieger der Landesmeister und gleichzeitig Triplegewinner.

Der Pokal ist noch derselbe, nur der Name hat sich geändert. Der Europacup der Meister heißt heute UEFA Champions League.

Während Ajax Amsterdam schon damals für seine Jugendarbeit gerühmt wurde, mauserte sich PSV zum Einkaufsmeister. Zu einer Art Bayern München der Niederlande, das den Rivalen die besten Spieler abjagte. Sie holten Ruud Gullit und den großartigen Verteidiger Ivan Nielsen von Feyenoord sowie Ronald Koeman und Gerald Vanenburg von Ajax.

Korsettstangen des späteren Siegerteams waren mit Kapitän Eric Gerets ein Belgier und vier Dänen: Nielsen, Jan Heintze, Sören Lerby und Frank Arnesen. Nur wenige Spieler entstammten der eigenen Jugend, sollten aber entscheidende Rollen spielen wie der spätere Europameister Berry van Aerle oder Halbfinaltorschütze Edward Linskens.

Geleitet wurde diese Auswahl von Guus Hiddink, der durch eine vereinsinterne Posse zum wichtigsten Mann aufgestiegen war. Im Frühjahr 1987 zeterte der Starspieler Ruud Gullit angeblich, dass er „wie eine Prostituierte" behandelt werde, weil er auf verschiedenen Positionen spielen musste. Der Technische Direktor und Boss Hans Kraay zürnte

Van Breukelen

Gerets   Nielsen   Koeman   Heintze

Van Aerle   Lerby

Vanenburg   Linskens

Kieft   Gillhaus

— **Hans van Breukelen**
Vier Wochen nach dem Benfica-Spiel hielt der Torwart auch einen Elfmeter im EM-Finale.

— **Eric Gerets**
Der Verteidiger wurde 1982 „Fußballer des Jahres" in seinem Heimatland Belgien.

— **Ronald Koeman**
Der Abwehrchef holte den Europacup der Meister 1992 noch ein zweites Mal, und zwar im Trikot des FC Barcelona.

— **Ivan Nielsen**
Der Manndecker nahm mit Dänemark an drei großen Turnieren teil und bestritt 51 Länderspiele.

— **Jan Heintze**
Nach seiner Zeit bei PSV ging der Däne in die Bundesliga, er spielte für Uerdingen und Leverkusen.

— **Berry van Aerle**
Der gelernte Rechtsverteidiger spielte im Mittelfeld, weil Gerets seine eigentliche Position so gut ausfüllte.

— **Gerald Vanenburg**
Kam von Ajax zur PSV und lief später auch noch zwei Jahre als Libero für 1860 München auf.

— **Edvard Linskens**
Trug schon in der Jugend das Eindhovener Trikot und war einer der wenigen Nicht-Nationalspieler der Erfolgself.

— **Sören Lerby**
Der dänische Spielmacher war schon bei Ajax und dem FC Bayern gewesen, wollte in Eindhoven nur die Karriere ausklingen lassen – und feierte seinen größten Erfolg.

— **Wim Kieft**
Der Stürmer erzielte 1988 in der holländischen Ehrendivision 29 Treffer und wurde damit Torschützenkönig.

— **Hans Gillhaus**
Der Angreifer wurde in der Verlängerung des Endspiels ausgewechselt, was von Bedeutung ist, weil sein Ersatz Anton Janssen den letzten Elfmeter verwandelte.

ob dieses Ausfalls, dass entweder Gullit gehen müsse oder er hinschmeiße. PSV reagierte und schickte Kraay weg. Im Sommer wechselte aber auch Gullit für die damalige Rekordsumme von 17 Millionen Gulden zu Milan. Der langjährige Co-Trainer Guus Hiddink füllte nun bei seiner ersten Chef-Station das Machtvakuum aus.

Die spielerische Klasse verband er mit Pragmatismus: So spielte seine Elf bis zum Gewinn der heutigen Champions League im Viertel- und Halbfinale sowie im Endspiel nur unentschieden. 1:1 in Bordeaux, 0:0 daheim, 1:1 bei Real Madrid, 0:0 daheim und 0:0 im Finale gegen Benfica in Stuttgart, das 6:5 nach Elfmeterschießen endete. Symptoma-

tisch für das nötige Quäntchen Glück war das Hoppeltor von Linskens im Halbfinale in Madrid, für das sie in Holland die treffende Umschreibung *een rollertje* fanden. In Eindhoven dann hatten die Madrilenen – trainiert vom Niederländer Leo Beenhakker – dickste Torchancen, doch PSV-Keeper Hans van Breukelen wuchs über sich hinaus. Er wurde auch zum Heroen im Finale, als er den entscheidenden Elfmeter von Benfica hielt. Breukelen, Koeman, Vanenburg, Van Aerle und Wim Kieft wurden einen Monat später zudem Europameister.

Eindhoven steht trotz dieses Erfolges tatsächlich in Sachen Popularität im Schatten der beiden Rivalen. „Seit 1985 hat PSV mehr Meistertitel gewonnen als Ajax und Feyenoord zusammen", sagt Jim Holterhues vom niederländischen Fußballmagazin „Staantribune". „Trotzdem haben die beiden anderen Klubs aufgrund früherer Erfolge aus den sechziger und siebziger Jahren eine größere Fanbasis, PSV wird als lokaler Klub angesehen." Der Triumph von 1988 sei allerdings nicht hoch genug einzuschätzen. „Niemand hätte nach Gullits Abgang auf PSV gesetzt – er war einer der besten Spieler der niederländischen Geschichte. Und trotzdem gewinnt diese Mannschaft nach seinem Abgang den Europapokal der Meister. Das spricht für sich." —

Für Guus Hiddink war das Finale der Beginn einer internationlen Karriere. Er trainierte Valencia, Real Madrid oder den FC Chelsea.

COSMOS NEW YORK 1977

Text — Uli Hesse

Es reichte nicht, nur eine lebende Legende im Team zu haben. *Um die Meisterschaft zu holen*, stellte Cosmos im Jahr des Punkrocks der Ikone Pelé zwei weitere Superstars zur Seite

Hinten (von links): Giorgio Chinaglia, Franz Beckenbauer, Erol Yasin, Ellis Clarke (Staatspräsident von Trinidad und Tobago), Ken Galt (Verbandspräsident von Trinidad und Tobago), Bobby Smith, Carlos Alberto, Rildo
Vorne (von links): Jadranko Topic, Ramon Mifflin, Pelé, Tony Field, Werner Roth

Oben: Beckenbauer mit der 6 auf dem Trikot? Ja, denn in New York ist seine angestammte Rückennummer 5 schon vergeben.

Unten: Die Schönen und das Biest. Kaiser Franz und König Pelé neben dem exaltierten Torjäger Chinaglia.

Es war ein berühmter Satz, mit dem Clive Toye, der Manager von Cosmos, Pelé im Frühjahr 1975 nach New York lockte: „In Europa kannst du bloß Titel gewinnen, hier aber ein ganzes Land." Zwei Jahre später waren wohl beide davon überrascht, wie wörtlich die Prophezeiung eingetreten war. Der Brasilianer galt zwar als Megastar, hatte Cosmos aber nicht zu einem Titel führen können. Nun kündigte er an, nach dem Ende der Saison 1977 seine Karriere zu beenden. Damit war Toyes Mission klar: Zu Pelés Abschied musste die Meisterschaft her.

So kam es, dass Toye nach einem eher schleppenden Saisonstart noch einmal tief in die Tasche griff und Franz Beckenbauer sieben Millionen US-Dollar für drei Jahre Fußball bot. Mit dem Kaiser wurde es kurzzeitig besser, doch im berühmt-berüchtigten Sommer 1977 – es war enorm heiß, der Massenmörder „Son of Sam" trieb sein Unwesen, schließlich fiel in fast ganz New York zwei Tage lang der Strom aus – ging es auch bei Cosmos drunter und drüber. Zuerst trat Toye zurück, weil er die Einmischung der Besitzer nicht mehr ertrug. Der Journalist David Hirshey sagte: „Ohne Toye wurde Fußball zur Nebensache. Von da an ging es nur darum, bei einem popkulturellen Happening dabei zu sein." Da ist etwas dran. Nur drei Wochen später wurde Trainer Gordon Bradley durch Eddie Firmani ersetzt, wohl auf Anweisung von Stürmer Giorgio Chinaglia.

Unter vielen eigenwilligen Charakteren – Torwart Shep Messing hatte Nacktfotos fürs Frauen-Erotikmagazin „Viva" gemacht – war der Italiener, der stets eine Flasche Chivas Regal in seinem Spind hatte, mit Abstand der chaotischste. Im Juli schlug er im Training den Engländer Steve Hunt bewusstlos, weil der ihn „faul" genannt hatte. Hunt, noch keine 21 Jahre alt, war selbst kein Kind von Traurigkeit. Bei einem Spiel beschwerte sich Pelé darüber, dass Hunt nicht abgespielt hatte. Der Engländer zeigte der Ikone des Fußballs den Mittelfinger. (Woraufhin er ausgewechselt wurde.) „Für New York Cosmos zu spielen," sagte Hunt später, „war so, als würde man mit einer Rockband auf Tour gehen."

Doch trotz des Trubels – bei Cosmos war es normal, dass Mick Jagger oder Elton John in der Kabine auftauchten – blieb das Team mit Spielern aus zwölf Ländern im Rennen um die Playoffplätze. Da stieß Mitte Juli der nächste Star hinzu: Carlos Alberto. Der Brasilianer übernahm die Libero-Rolle, wodurch Beckenbauer ins Mittelfeld vorrückte. Vorher musste der Kaiser

— *Shep Messing*
Der Keeper aus der Bronx stand im Tor, als die USA bei Olympia 1972 gegen die BRD mit 0:7 untergingen.

— *Bobby Smith*
Der Verteidiger war 1975 der erste gebürtige Amerikaner, der ins All-Star-Team der NASL gewählt wurde.

— *Werner Roth*
Der Kapitän von Cosmos wurde im heutigen Serbien geboren und kam als Kind in die USA.

— *Carlos Alberto*
Der Weltmeister von 1970 gewann noch drei weitere Meistertitel mit Cosmos, bevor er seine Karriere 1982 beendete.

— *Nelsi Morais*
Der Brasilianer wurde auf Drängen von Pelé geholt, obwohl er beim FC Santos nicht groß aufgefallen war.

— *Tony Field*
Kam 1976 vom englischen Absteiger Sheffield United in die USA, wo er bis 1981 für drei Klubs spielte.

— *Franz Beckenbauer*
Der Kaiser spielte vier Saisons in den USA, stand jedes Jahr im All-Star-Team und wurde dreimal Meister.

— *Terry Garbett*
Spielte in England für vier Klubs, bildete mit Field und Keith Eddy ein Trio, das 1976 von Sheffield nach New York ging.

— *Pelé*
Als der Brasilianer im Juni 1975 sein Debüt für Cosmos gab, waren zehn Millionen Amerikaner am Fernseher live dabei.

— *Giorgio Chinaglia*
Der schon 2012 verstorbene Stürmer führte Lazio Rom 1974 zum ersten Meistertitel und wechselte zwei Jahre später seiner Frau, einer Amerikanerin, zuliebe in die USA.

— *Steve Hunt*
Eine untypische Karriere: Der Junge aus Birmingham ging früh in die USA, kam dann zurück und wurde Nationalspieler.

seinen Offensivdrang zügeln, weil die US-Liga mit einer Abseitslinie 32 Meter vor dem Tor experimentierte. Die hatte zur Folge, dass Stürmer sich nicht bis in die eigene Hälfte zurückziehen mussten, was jeden Ballverlust eines offensiven Liberos brandgefährlich machte.

Mit Carlos Alberto hatte Cosmos das letzte Puzzleteil gefunden. Im Schlussspurt erreichte die Elf die Playoffs – und verzauberte New York. Knapp 78 000 Fans sahen das Heimspiel im Viertelfinale, und zum Halbfinale kamen fast ebensoviele ins Giants Stadium. Doch das Happy End wurde ein hartes Stück Arbeit, denn das Endspiel gegen Seattle in Portland stand auf Messers Schneide. Beckenbauer verschuldete den zwischenzeitlichen Ausgleich, bevor Chinaglia in der 78. Minute das 2:1 köpfte. Seattle warf alles nach vorne, traf den Pfosten und vergab weitere Großchancen. Erst dann hatte Pelé nicht nur das Land gewonnen, sondern auf den letzten Drücker auch noch einen Titel.

Damit war seine Zeit als aktiver Fußballer aber noch nicht vorbei. Denn nach dem Finale ging Cosmos auf Tour: Am 1. September traf man in Trinidad und Tobago auf eine Karibikauswahl, dann folgten zehn Spiele in sechs Wochen – in Japan, China, Indien und Brasilien. So ist das beim Wanderzirkus. —

Genauso bunt wie seine Elf: Der in Kapstadt geborene Italiener Eddie Firmani hatte 1975 die Tampa Bay Rowdies zum Titel geführt.

BAYER UERDINGEN 1985

Text — Max Dinkelaker

Viele wussten nicht
mal, wo genau dieses
Uerdingen eigentlich
sein soll. Und trotzdem
schaffte Bayer 05
im Pokalfinale 1985
gegen die Bayern *das
größtmögliche Wunder*

Bayer Uerdingen

Hinten (von links): Manager Reinhard Roder, Friedhelm Funkel, Ludger van de Loo, Larus Gudmundsson,
Werner Buttgereit, Wolfgang Schäfer, Wolfgang Funkel, Co-Trainer Bernd Lehmann, Trainer Karl-Heinz Feldkamp
Vorne (von links): Norbert Brinkmann, Matthias Herget, Werner Vollack, Horst Feilzer, Karl-Heinz Wöhrlin

Oben: Treffen sich zwei Liberos ...
Die Kapitäne Matthias Herget
und Klaus Augenthaler beim Wimpeltausch vor dem Endspiel.

Unten: Das Finale von 1985 ist der
Beginn einer Tradition, der
Austragung der Pokalendspiele im
Berliner Olympiastadion.

Wolfgang Schäfer liegt links unten,
weil er gerade das Tor seines
Lebens erzielt hat. Friedhelm Funkel
gratuliert als Fünfter.

Oben: Wer Pokalsieger sein will, muss leiden. Wolfgang Funkel sorgt sich um seinen Keeper Werner Vollack.

Unten: Der Triumph führt zum „Wunder von der Grotenburg", denn im Cup der Pokalsieger wird Uerdingen auf Dresden treffen.

Wolfgang Schäfer hatte es vorher gewusst. Oder geahnt. Oder zumindest heraufbeschworen. Vor dem Abflug nach Berlin, wo der Stürmer mit seinen Underdog-Kumpanen von Bayer 05 Uerdingen im Pokalfinale auf die großen Bayern treffen würde, hatte er ein paar verdutzten Journalisten angekündigt, dass er das Siegtor schießen würde. Ein flapsiger Spruch, ein bisschen Blabla, eher Spaß als Ernst. „Die haben mich nur schief angeguckt", sagte Schäfer später. Wobei vermutlich nicht mal Schäfer selbst den Journalisten die Blicke übel nahm. Denn wieso sollte ausgerechnet er, der im Jahr zuvor noch für Union Solingen in der zweiten Liga gespielt hatte, die mit Nationalspielern und Stars gespickte Bayern-Truppe um Klaus Augenthaler, Lothar Matthäus oder Sören Lerby im Pokalfinale abschießen? Eine Mannschaft, die bis dahin von sieben DFB-Pokalendspielen genau sieben gewonnen hatte? Niemals! Oder etwa doch?

1983, als der Name Ponomarew in Krefeld noch keine Panikattacken auslöste, war Bayer 05 Uerdingen zum dritten Mal in der Vereinsgeschichte in die Bundesliga aufgestiegen, in den Jahren danach hatte sich der kleine Klub in Deutschlands bester Fußballliga etabliert. Mehr noch: Unter Trainer Karl-Heinz Feldkamp, der vor der Saison 1984/1985 für den nach Dortmund abgewanderten Aufstiegscoach Timo Konietzka übernommen hatte, ärgerten die Uerdinger regelmäßig die Schwergewichte der Liga. Zu Hause an der Grotenburg (wo genau die eigentlich liegt, wussten auch damals viele nicht) wurden Köln und der HSV geschlagen, im Pokal schaltete das Team, in dem vor allem Friedhelm Funkel und Matthias Herget herausragten, unter anderem Werder Bremen aus. Und am 20. Spieltag, bei der Auswärtspartie in München, hatten die Bayern nach einem zähen Kampf erst kurz vor Schluss den Siegtreffer erzielen können. Am Ende der Saison wurde Uerdingen immerhin Siebter – und zog überraschend ins Pokalfinale ein. So richtig ernst nahm die Elf aus Krefeld vor dem 26. Mai 1985 allerdings trotzdem keiner. Nicht mal die Spieler vom FC Bayern.

Doch nur wenige Tage nach seiner Ankündigung am Flughafen gehörte das Rampenlicht erneut Wolfgang Schäfer. „Ich bin richtig besoffen, aber wer will mir das verübeln? Ich bin zwar nur ein Allerweltsfußballer mit einem Allerweltsnamen, aber heute spricht ganz Deutschland von mir", rief der Stürmer und verzog sich mitsamt DFB-Pokal ins Hotelbett. Und recht hatte er. Der

— **Werner Vollack**
Hat bei den Fans den spanischen Spitznamen *El Milagro*, das Wunder, weil er gegen Atlético 1986 großartig hielt.

— **Karl-Heinz Wöhrlin**
Hieß wegen seiner technischen Fähigkeiten (und seiner schwarzen Matte) „Brasilianer".

— **Matthias Herget**
Sollte das Libero-problem in der Nationalelf lösen, bis Teamchef Franz Beckenbauer sich vor der WM 1986 für Augenthaler entschied.

— **Norbert Brinkmann**
Der harte, aber faire Vorstopper kam schon 1972 zu Bayer und bestritt 464 Pflichtspiele.

— **Ludger van de Loo**
Gehörte zusammen mit seinem Bruder Michael schon zur Aufstiegself 1983.

— **Horst Feilzer**
Der leider bereits verstorbene „Feile" erzielte im Finale das wichtige, weil schnelle 1:1.

— **Friedhelm Funkel**
Absolvierte 409 Punktspiele für Uerdingen und führte den Klub als Trainer zweimal in die Bundesliga.

— **Wolfgang Funkel**
Der Manndecker blieb bis 1991, als sein Buder Trainer wurde, in Krefeld und ging dann nach Kaiserslautern.

— **Werner Buttgereit**
Der agile Dauerläufer wurde 1977 mit dem MSV Duisburg A-Jugend-Meister und kam 1981 zu Bayer 05.

— **Wolfgang Schäfer**
Der „Held von Berlin" schoss auch beim „Wunder von der Grotenburg" gegen Dresden das letzte Tor, lebt heute in Tirol.

— **Larus Gudmundsson**
Der erste von insgesamt acht (!) Isländern, die für Uerdingen aufliefen, bestritt 17 Länderspiele und wechselte 1987 zum 1.FC Kaiserslautern.

Mann mit dem Allerweltsnamen hatte bis dahin nicht nur eine gelinde gesagt unspektakuläre Karriere hingelegt, die ihn über Rot-Weiss Frankfurt und eben Solingen nach Uerdingen geführt hatte, sondern war in seiner Debütsaison auch durch private Turbulenzen und eine wenig professionelle Einstellung zum Job aufgefallen. Allein: Wo andere eine Bruchlandung fabriziert hätten, kriegte Schäfer die Kurve, traf in der Liga zwölfmal – und wurde im Finale zum Helden.

Die großen Bayern waren schnell durch Dieter Hoeneß in Führung gegangen, der Underdog aus Uerdingen glich aber direkt im Gegenzug aus. Doch damit nicht genug: In der Folge spielte Uerdingen den frischgebackenen Meister geradezu vor sich her. Horst Feilzer, dem Torschützen zum Ausgleich, wurde ein weiterer Treffer aberkannt, Schäfer scheiterte mehrfach aussichtsreich, während die Stars auf der Gegenseite vom engagierten Spiel des Gegners geradezu eingeschüchtert wirkten. Als Schäfer in der 68. Minute dann tatsächlich zum Sieg traf, war das nicht nur eine der größten Sensationen der Pokalgeschichte, sondern vor allem: hochverdient. Ähnlich verdient wie Schäfers anschließende Partynacht, die mit Pokal und Freundin Rita im Hotelbett endete. Wer wollte es ihm verübeln? ————

Der Sieg von Berlin war für Karl-Heinz Feldkamp der erste von fünf Pokalsiegen in drei Ländern (Deutschland, Ägypten, Türkei).

FC WIMBLEDON 1988

Text — Tim Jürgens

Das Rollkommando von der Plough Lane zelebrierte *Kick & Rush so radikal wie kein anderes Team*. 1988 rang die Kampftruppe aus London im FA-Cup-Finale sogar den FC Liverpool nieder

Hinten (von links): Trainer Bobby Gould, Zeugwart Syd Neal, Lawrie Sanchez, Physio Caroline Brouer, Carlton Fairweather, Alan Cork, Andy Thorn, Betreuer Joe Dillon, Laurie Cunningham (vor Dillon), John Scales, Vinny Jones, John Fashanu, Physio Steve Allen, Andy Clements, Vaughan Ryan; Vorne (von links): Dennis Wise, Dave Beasant, Terry Phelan, Terry Gibson, Eric Young, Clive Goodyear

Oben: Kein Durchkommen – Dave Beasant pariert den Foulelfmeter von Liverpools Spielmacher Peter Beardsley.

Unten: Mit Haken und Ösen – Vinnie Jones und Dennis Wise nehmen Liverpools Craig Johnston in die Mangel.

Die Axt hat zugeschlagen: Nach dem Schlusspfiff präsentiert sich Vinnie Jones in gewohnter Holzhackerpose den Kameras.

Da ist das Ding: Eric Young,
Lawrie Sanchez, Dave Beasant und
Terry Phelan 1988 auf dem
heiligen Rasen von Wembley.

Angreifer Terry Gibson wird den Ruf, der dem FC Wimbledon in den achtziger Jahren vorauseilt, später bewusst herunterspielen: „Es war nicht die Mafia. Eher so etwas wie ein Internat, in dem nur ungezogene Jungs herumliefen." Wie es genau war, wissen nur diejenigen, die damals dabei waren. Vorausgesetzt, sie können sich erinnern. Denn sollte nur ein Bruchteil der Gerüchte, die um die „Crazy Gang" aus dem Londoner Südwesten kursieren, stimmen, dürfte ein gehöriger Teil der AFC-Protagonisten heute über Erinnerungslücken verfügen. So rustikal sich die „Dons" im Sommer 1986 aus den Untiefen des englischen Fußballs in die *First Division* emporgefightet hatten, so radikal hantierten die Profis auch nach dem Abpfiff am Tresen.

Wer einem Marsmenschen erklären will, was „Kick & Rush" bedeutet, muss ihm nur ein Spiel des AFC aus der damaligen Zeit vorführen. Vom Anstoßpunkt ging der Ball zurück zu Keeper Dave Beasant, der das Leder aufnahm und dem Befehl von Stoßstürmer John „Fash" Fashuna folgte: *Put it in the mixer.* Was nichts anderes bedeutete, als die Pille auf direktem Weg in die Nähe des gegnerische Strafraums zu befördern, wo Beasants Mitspieler – allen voran „Fash" – versuchten, sich in Piranha-Manier Feldvorteile zu erkämpfen. Und aus dem Rückraum drückte die walisische Ein-Mann-Armee Vinnie Jones nach vorn, der seine Kollegen vor Spielen gern mit *„Let's fucking kill them!"* zum Aufgalopp ins Stadion komplimentierte.

Noch war es nicht so, dass allerorten in der englischen Eliteliga Traumfußball zelebriert wurde, aber mit ihrer Dampframmenphilosophie hatte das Rollkommando von der Plough Lane schnell auch im Mutterland den Ruf als Bande von Schmuddelkindern weg. Architekt des hässlichen Spiels – er nannte es „*Route-one football*" – war Coach Dave Bassett, der den AFC in sechs Jahren aus der vierten Liga auf Platz sechs der *First Division* führte. 1987 wechselte Bassett zum FC Watford und wurde von Bobby Gould beerbt, der clever genug war, die verschworene Kampf- und Thekengemeinschaft nicht mit zu viel Taktikgedöns zu behelligen. Zumal sich auch Klubeigner Sam Hammam wenig um die feine englische Art scherte. Nach Siegen steckte der exzentrische Bauunternehmer seinen Boys gern dicke Geldscheine in die Schuhe, während die unter der Dusche ihrer Hymnen schmetterten. Nach Niederlagen aber lud er Kapitän Lawric Sanchez und die Boys auch mal zur Gardinenpredigt zu sich nach Hause

— Dave Beasant
Der Kapitän hielt als erster Keeper in einem FA-Cup-Endspiel einen Strafstoß und war der erste Torwart, der von Prinzessin Diana den Pokal überreicht bekam.

— Clive Goodyear
Sonst eher Ersatz. Hielt im Cup-Finale Superstar John Barnes in Schach.

— Eric Young
Genannt „Ninja", weil er mit Stirnband spielte, um seine Kopfnarbe zu verdecken.

— Vinnie Jones
Die „Axt" war viel mehr als ein rustikaler Abräumer: Neben der Karriere reüssierte er als Schauspieler und Zeitungskolumnist.

— Terry Phelan
42-facher irischer Nationalspieler, ging 1992 für die Rekordsumme von 2,5 Millionen Pfund zu Man City.

— Terry Gibson
Der Fan der Tottenham Hotspurs wurde später Scout und ist heute TV-Experte für spanischen Fußball.

— Andy Thorn
Der Verteidiger verließ die „Dons" nach dem Finalsieg gegen Crystal Palace.

— Alan Cork
Galt in der rauflustigen „Crazy Gang" als der sensible Feingeist. Mit 440 Punktspielen und 145 Ligatoren bis heute Rekordakteur der „Dons".

— John Fashanu
In jeder Hinsicht durchschlagskräftiger Stürmer, wenn auch weniger technisch beschlagen als sein Bruder von Justin. Nach der Karriere TV-Moderator der Action-Show „Gladiators".

— Lawrie Sanchez
Der Nordire erzielte im Finale in der 37. Minute den entscheidenden Treffer. Eine zentrale Stütze in den großen Jahren der „Crazy Gang".

— Dennis Wise
Der Mittelfeldspieler war maßgeblich beteiligt am Aufstieg der „Dons", wurde 1988 vereinsintern zum besten Spieler gewählt.

ein – und ließ lecker Schafshoden und Kamelhirn servieren.

Dass diese Männer sich von nichts ins Bockshorn jagen ließen, erwies sich am 14. Mai 1988. Die „Crazy Gang" hatte sich bis ins FA-Cup-Finale durchgefräst, wo die „Dons" vor 100 000 Zuschauern in Wembley auf Meister Liverpool und Trainer Kenny Dalglish trafen. Zur Einstimmung hatte sich der AFC am Vorabend im nahegelegenen Pub „Fox & Grapes" gehörig die Kante gegeben. In der zweiten Minute des Spiels nahm sich Vinnie Jones Liverpools Spielmacher Steve McMahon derart zur Brust, dass dieser annahm, von einem Bus angefahren worden zu sein. Nach einem Tackle gegen John Aldridge bekamen die „Reds" kurz darauf sogar einen Elfmeter zugesprochen, den Peter Beardsley jedoch vergab. In der 37. Minute gelang AFC-Regisseur Sanchez per Kopf das 1:0, das die „Dons" in der Folge mit allen verfügbaren Mitteln über die Zeit brachten. Liverpool hätte wissen müssen, dass sich der FC Wimbledon nur ungern seiner Errungenschaften berauben ließ. Wie hatte Klubboss Hammam nach dem Erstligaufstieg 1986 gesagt: „Wir müssen uns mit schierer Kraft durchsetzen und die Einstellung haben, in so manchen Hintern zu treten. Bevor wir absteigen, gibt es eine Blutspur von hier bis Timbuktu." ▬▬▬

Crazy Gang in verrückten Zeiten: Coach Bobby Gould (mit Melone) führt die „Dons" 1988 zum Cup und auf Platz sieben in der Liga.

USA 1991

Text — Uli Hesse

Die ersten offiziellen *Weltmeisterinnen im Fußball* mussten gegen viele Widerstände ankämpfen und wurden auch im eigenen Land zunächst belächelt – ganz wie Nirvana

Hinten (von links): April Heinrichs, Linda Hamilton, Michelle Akers-Stahl, Mary Harvey, Joy Biefeld
Vorne (von links): Shannon Higgins, Mia Hamm, Carla Werden, Julie Foudy, Carin Jennings, Kristine Lilly

Oben: Auch Jutta Nardenbach (links) kann Michelle Akers nicht stoppen. Die DFB-Elf verliert das Halbfinale sehr deutlich.

Unten: Echter Teamgeist – direkt nach dem Abpfiff des Endspiels rennt Mia Hamm (vorne) zu den Ersatzspielerinnen.

Es ist natürlich Zufall, dass „Nevermind" im Herbst 1991 erschien, und damit nur Wochen, bevor ein paar Fußballerinnen die Sportwelt veränderten. Interessant ist es aber schon. Denn Nirvana krempelten die Rockmusik ja von Seattle aus um. Und dort, im entlegenen Nordwesten, hatte auch die amerikanische Fußballrevolution ihren Anfang genommen. Denn als Anson Dorrance 1986 Nationaltrainer der USA wurde, übernahm er eine Mannschaft, in der vorrangig Spielerinnen aus dem Bundesstaat Washington standen. Die Beste von ihnen war unzweifelhaft Sharon McMurtry aus Seattle, die das große Pech hatte, etwas zu früh zur Welt gekommen zu sein. Während Dorrance nämlich begann, zukünftige Weltmeisterinnen zu formen, hängte McMurtry ihre Schuhe gerade an den Nagel. Etwas jünger als sie war die Stürmerin Michelle Akers, die zwar in Kalifornien geboren wurde, aber in Seattle aufwuchs, ganz in der Nähe von Mittelfeldspielerin Shannon Higgins. Um sie herum baute Dorrance seine Elf auf, die im November 1991 an der ersten offiziellen Fußballweltmeisterschaft der Frauen teilnehmen sollte.

Ein halbes Jahr vor dem Turnier traten die USA in Kaiserslautern gegen Deutschland an, das sich gerade auf die Europameisterschaften vorbereitete. Akers (die damals nach ihrer Hochzeit mit dem Ex-Profi Roby Stahl unter dem Namen Akers-Stahl spielte) schoss zwei Tore, die Amerikanerinnen gewannen 4:2. Spätestens da galten die USA als einer der Favoriten auf den ersten WM-Titel – und Akers als beste Fußballerin der Welt. Sie hatte sogar schon mal ein paar Monate halbprofessionell in Europa gespielt, für Tyresö FF in Schweden, und bekam nun Angebote aus Mailand und vom FSV Frankfurt. Daheim in den USA gab es nicht einmal eine Liga, geschweige denn Geld. Die Spielerinnen, mit denen Dorrance zur WM nach China flog, bekamen gerade mal ein Tagegeld von zehn Dollar. Linksaußen Carin Jennings bat ihren Arbeitgeber um drei Monate unbezahlten Urlaub, damit sie sich vernünftig auf das größte Ereignis ihrer Karriere vorbereiten konnte. Als ihr Chef sich weigerte, kündigte Jennings kurzerhand.

Umso überwältigender muss das Erlebnis im Reich der Mitte gewesen sein. Die besten Fußballerinnen ihrer Generation, die in der Heimat kaum jemand kannte, spielten plötzlich in ausverkauften Stadien. Gleich in der ersten Partie trafen sie auf die sehr starken Schwedinnen, die noch nie gegen die USA verlo-

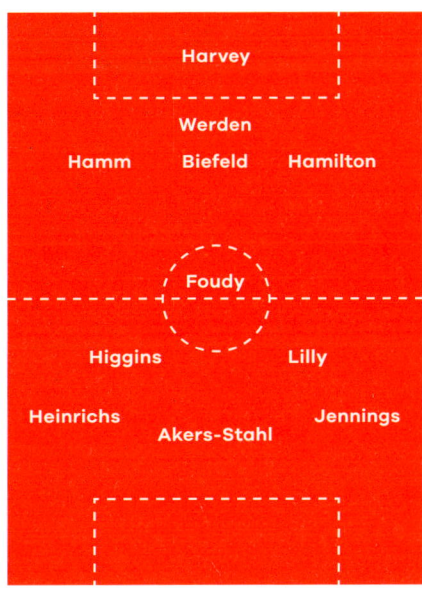

— *Mary Harvey*
Zum Zeitpunkt der WM spielte die Torfrau für den FSV Frankfurt (und arbeitete nebenbei an der Börse).

— *Mia Hamm*
Die jüngste Spielerin im US-Kader wurde später zur Angreiferin umgeschult – und ein Superstar.

— *Carla Werden*
Spielte in China auf der Liberoposition und war (als Carla Overbeck) auch noch dabei, als die USA 1999 erneut Weltmeister wurden.

— *Joy Biefeld*
Die Verteidigerin nahm an vier WMs teil und gewann zweimal olympisches Gold.

— *Linda Hamilton*
Musste ihre Karriere wegen einer Knieverletzung schon 1995, mit 26 Jahren, beenden.

— *Shannon Higgins*
Die Spielmacherin trat nach dem Finale zurück und wurde Trainerin der Universitätsmannschaft von Washington.

— *Julie Foudy*
Wurde nach ihrer Karriere fast noch bekannter als vorher, und zwar als Buchautorin, Aktivistin, Reporterin oder Expertin fürs Fernsehen.

— *Kristine Lilly*
Niemand, ob Mann oder Frau, hat mehr Länderspiele bestritten als die New Yorkerin: 354!

— *April Heinrichs*
Die Kapitänin der Elf wurde nach dem Turnier Trainerin. Sie übernahm 2000 die Nationalelf der USA und führte das Team zum Olympiasieg 2004.

— *Michelle Akers-Stahl*
Die beste Torschützin der WM 1991 lebt heute auf einer drei Hektar großen Farm und betreut vernachlässigte Pferde.

— *Carin Jennings*
Bildete mit Akers und Heinrichs eine Sturmreihe, die als „dreischneidiges Schwert" in die Fußballhistorie einging. Der Spitzname war eine Erfindung der chinesischen Presse.

ren hatten. Doch zwei tolle Tore von Jennings, die später zur besten Spielerin des Turniers gewählt wurde, und ein Weitschuss der erst 19-jährigen Mia Hamm sorgten für einen umkämpften 3:2-Sieg. So eng sollte es dann erst wieder im Finale werden. Denn selbst der frischgebackene Europameister Deutschland hatte den viel athletischeren Amerikanerinnen nichts entgegenzusetzen: Im Halbfinale verlor die DFB-Auswahl – unter den Augen von Pelé – deutlich mit 2:5.

Vor mehr als 60 000 Zuschauern in Guangzhou geriet das erste WM-Finale der Frauen zwischen den USA und Norwegen zum Krimi. Zwar gingen die Amerikanerinnen durch eine Kombination aus Seattle – Flanke Higgins, Kopfball Akers – in Führung, doch zur Pause stand es 1:1. „Obwohl Norwegen in der letzten halben Stunde viel Spielkontrolle hatte", sagte Akers später, „wusste ich einfach, dass wir irgendwie treffen würden." Sie selbst erlief in der vorletzten Minute einen zu kurzen Rückpass und schoss das 2:1-Siegtor. Bis heute hält sich das Gerücht, dass nur ein einziger Journalist auf die Mannschaft wartete, als sie nach 52 Flugstunden am 2. Dezember in New York landete. In Wahrheit waren es immerhin drei Reporter. Selbst in Amerika brauchen Revolutionen einfach ihre Zeit. ——

Foudy, Akers und Jennings (von links) wissen, dass sie gerade nicht nur amerikanische Sportgeschichte geschrieben haben.

BOCA JUNIORS 2000

Text — Andreas Bock

In Südamerika sind die Boca Juniors seit jeher einer der beliebtesten Vereine. *Der sensationelle Weltpokalsieg gegen die Galacticos* von Real Madrid macht sie zu einer globalen Marke

Hinten (von links): Hugo Ibarra, Jorge Bermudez, Oscar Cordoba, Juan Riquelme, Cristian Traverso, Anibal Matellan
Vorne (von links): Mauricio Serna, Sebastian Battaglia, Martin Palermo, Marcelo Delgado, José Basualdo

Oben: Im Sommer 2000 wechselt Luis Figo für 58,2 Millionen Euro von Barcelona zu Real Madrid und wird der teuerste Fußballer der Welt.

Unten: Das ist das Ding! Jorge Bermudez präsentiert den Boca-Fans in der *Bombonera* die Weltpokal-Trophäe aus Japan.

Der Pokal hat seine eigenen Gesetze – und der Weltpokal erst recht. In Europa wurde dieses Spiel zwischen den Gewinnern der Copa Libertadores und des Europapokals der Meister (heute Champions League) eher belächelt, einige Teams empfanden es sogar als lästig. 1977 etwa verzichtete Europacupsieger Liverpool auf die Teilnahme, weshalb der Endspielverlierer Gladbach antrat. Für die südamerikanischen Klubs und Fans war der Weltpokal hingegen oft das Highlight des Jahres. Sozusagen ein *Finalefinale*, Alte Welt gegen Neue Welt. Eines der größten Spiele dieses Wettbewerbs fand am 28. November 2000 in Tokio statt. Auf der einen Seite: Real Madrid, die *Galacticos*, die teuerste Mannschaft der Welt. Raul, Roberto Carlos, Luis Figo. Auf der anderen Seite: Boca Juniors, der beliebteste Verein Argentiniens, vielleicht sogar Südamerikas, das Kollektiv des Fußballphilosophen Carlos Bianchi, dem es 1994 als letztem Trainer eines südamerikanischen Teams (Vélez Sarsfield) gelungen war, im Weltpokal eine Mannschaft aus Europa (AC Mailand) zu besiegen.

Der Weltpokal 2000, offiziell Toyota-Cup, wird auf 179 Fernsehkanälen übertragen, Tausende Boca-Fans nehmen die zwanzigstündige Reise nach Tokio auf sich, aber nicht alle können das Spiel sehen. Diego Maradona erhält wegen seiner Drogenprobleme kein Visum, und in einem argentinischen Gefängnis proben Insassen einen Aufstand, nehmen Wärter als Geiseln, damit diese ihnen TV-Geräte aufstellen – ohne Erfolg. Um diese Euphorie um Boca zu begreifen, muss man zurück ins Jahr 1995. Das Team ist damals nicht sonderlich erfolgreich. In den vergangenen zwanzig Jahren ist der Klub nur zweimal Meister geworden und hat einmal die Copa Libertadores gewonnen. Dann wird Mauricio Macri Klubpräsident. Er investiert ins Marketing, schließt einen Deal mit Nike ab, lässt das Stadion *La Bombonera* renovieren. Das Wichtigste: Er holt Trainer Carlos Bianchi, der mit Boca bis 2003 vier Meisterschaften, dreimal die Copa Libertadores und zweimal den Weltpokal gewinnt.

Ende November 2000 fliegt die Elf nach Tokio, ein paar Tage vor dem Spiel gegen Real. Sie zeigt sich den Fans, veranstaltet öffentliche Trainings und Autogrammstunden. Kein Wunder, dass sich das mit 60 000 Zuschauern gefüllte Olympiastadion am Spielabend in eine Mini-*Bombonera* verwandelt. Die Fans peitschen Boca nach vorne, das Team beginnt furios. In der zweiten Minute passt Marcelo Delgado in den Strafraum, wo Martin Palermo den Ball ins Tor drückt.

Cordoba

Bermudez
Ibarra   Traverso
                Matellan

Serna

Battaglia   Basualdo
        Riquelme

Palermo   Delgado

— *Oscar Cordoba*
Kolumbianischer Rekordnationalkeeper, der nach dem Weltpokalsieg für Perugia und Besiktas spielte.

— *Hugo Ibarra*
2004 erreichte er mit Monaco das Champions-League-Finale, kehrte mehrmals zu Boca zurück.

— *Jorge Bermudez*
Auch Kolumbianer. Spielte vor Boca vor allem für América de Cali und später für Benfica und Olympiakos.

— *Cristian Traverso*
Spitzname „Tigre". Begann seine Karriere bei den Argentinos Juniors und war 1995 „Fußballer des Jahres" in Chile.

— *Anibal Matellan*
Wechselte 2001 für 4,8 Millionen Euro zu Schalke und gewann den DFB-Pokal. Galt aber trotzdem als Flop.

— *José Basualdo*
Spielte zu Beginn seiner Karriere für Stuttgart. Im Weltpokal 2000 war er schon 37 Jahre alt.

— *Mauricio Serna*
Und noch ein Kolumbianer. Nahm an zwei Weltmeisterschaften teil, später war er in Drogengeschäfte und Geldwäsche verwickelt.

— *Sebastian Battaglia*
Die Boca-Legende gewann sechsmal die Meisterschaft, viermal die Copa Libertadores und zweimal den Weltpokal.

— *Juan Riquelme*
Wuchs mit zehn Geschwistern in einem armen Vorort von Buenos Aires auf und kickte schon als Jugendlicher für Boca Juniors. Insgesamt machte er 381 Spiele für die Blau-Gelben.

— *Martin Palermo*
Ist mit 222 Toren der beste Boca-Stürmer aller Zeiten. Für die Nationalelf machte er aber nur 15 Spiele.

— *Marcelo Delgado*
Hängende Spitze mit Technik und Auge. Nahm mit der *Albiceleste* an Olympia 1996 und der WM 1998 teil.

Palermo ist damals 27 Jahre alt, in Europa kennt man ihn, weil er in einem Länderspiel drei Elfmeter verschossen hat und deshalb im Guinness-Buch der Rekorde steht. Für Boca trifft er aber in fast jedem Spiel. Sein genialer Partner ist Juan Roman Riquelme, der in der 5. Minute einen Pass über vierzig Meter schlägt. Getreu seinem Motto: „Warum sollte ich rennen, wenn der Ball schneller ist?" Palermo ist der Empfänger und schießt zum 2:0 ein. Was ist hier los?

Real kommt wütend zurück, vor allem Roberto Carlos, der den Ball erst an die Latte zimmert und dann ins Tor. Nach elf Minuten steht es 2:1, und niemand glaubt daran, dass es die nächsten 79 Minuten so bleibt. Aber Real rennt blindlings an, zwei Abseitstore werden aberkannt, dann ist Schluss. „Es ist ein Sieg für ganz Argentinien", sagt Bianchi. Und der Anfang eines globalen Boca-Hypes. *La Bombonera* wird zum Touristenmagnet, die Spieler zur begehrten Exportware. Anibal Matellan geht zu Schalke, Hugo Ibarra zu Porto, Palermo zu Villarreal, Riquelme zu Barcelona. Über kurz oder lang kehren sie aber alle wieder zurück. Palermo und Riquelme gewinnen gemeinsam, 2007, sogar erneut die Copa Libertadores. Den Weltpokal gibt es da nicht mehr, er ist von der Klub-WM abgelöst worden. ▬

Carlos Bianchi, geboren 1949 in Buenos Aires, gewann dreimal mit Boca Juniors und einmal mit Vélez Sarsfield die Copa Libertadores.

MANCHESTER UNITED 1968

Text — Jens Kirschneck

Ein Sieg für die Toten von München: Zehn Jahre nach der *schlimmsten Katastrophe der Klubgeschichte* feierte Matt Busby mit Manchester United seinen größten Triumph

Hinten (von links): Bill Foulkes, John Aston jr., Jimmy Rimmer, Alex Stepney, Alan Gowling, David Herd; Mitte (von links): David Sadler, Tony Dunne, Shay Brennan, Pat Crerand, George Best, Francis Burns, Co-Trainer Jack Crompton; Vorne (von links): Jimmy Ryan, Nobby Stiles, Denis Law, Trainer Matt Busby, Bobby Charlton, Brian Kidd, John Fitzpatrick

Er machte sogar auf dem Minifahrrad eine gute Figur: George Best wurde 1968 zu „Europas Fußballer des Jahres" gewählt.

Oben: Bobby Charlton bejubelt sein
Tor im Manchester-Derby –
und City-Torwart Ken Mulhearn will
am liebsten gleich losheulen.

Unten: Old Trafford? Wembley!
Beim Finale um den Pokal
der Meister ist das Stadion in der
Hand der Fans von United.

Henkelpott gegen das Trauma:
Zehn Jahre nach dem Flugzeug-
unglück von München ist bei
United (fast) alles wieder gut.

Dem Boss ging es so schlecht, dass sie sich nicht trauten, ihm die schlimme Nachricht zu überbringen. Schließlich hatte Matt Busby im Münchner Krankenhaus Rechts der Isar schon zweimal die Letzte Ölung erhalten. Mittlerweile war er zwar auf dem Weg der Besserung, doch die Nachricht vom Tod Duncan Edwards' würde ihn umhauen, da war man sich sicher. Denn Busby, Trainer von Manchester United, war nicht nur der Vorgesetzte seiner Spieler, er war auch ihr väterlicher Freund.

Die Geschichte des *Munich Air Disaster* gehört zu den großen tragischen Mythen der Fußballgeschichte. Am 6. Februar 1958 misslang der Start von British Airways Flug 609 nach der Zwischenlandung in München. 23 Menschen kamen ums Leben, darunter acht Spieler von Manchester United, die mit ihrem Team auf der Rückreise von einem Europapokalspiel in Belgrad waren. Sieben von ihnen starben sofort, Duncan Edwards zwei Wochen später. Edwards, damals 21 Jahre alt, galt als das größte Fußballtalent seiner Generation, ein Solitär in einer Truppe von Hochbegabten, die wegen ihres jugendlichen Alters und des Lehrmeisters *Busby Babes* genannt wurden. 1956 und 1957 war diese Mannschaft bereits Englischer Meister geworden, dabei hätte ihre beste Zeit erst noch kommen sollen. Doch dieses Versprechen konnte sich nicht mehr erfüllen.

Es wundert nicht, dass Matt Busby nach seiner Genesung keine Lust mehr auf Fußball hatte. Der Trainer (oder Manager, wie das in England heißt) hatte Manchester United 1945 mit gerade mal 36 Jahren übernommen und bis dahin zu drei Meisterschaften geführt. Vor allem aber hatte er einen neuen Trainertyp etabliert, der nicht mit Schlips und Kragen vom Büro aus nach Gutsherrenart agierte, sondern nahbar war und sich überdies nicht zu schade für die Detailarbeit auf dem Trainingsplatz. Dieser Mann hat seine Spieler wirklich geliebt, umso schlimmer traf ihn die Katastrophe. Letztlich soll ihn seine Frau Jean davon überzeugt haben, dass er es dem Vermächtnis seiner verstorbenen Schützlinge schuldig sei, weiterzumachen.

Den Neuaufbau ging Manchester United mit zwei unterschiedlichen Strategien an. Noch immer brachte der Klub haufenweise junge Talente hervor, aber um rasch wieder konkurrenzfähig zu sein, bediente er sich nun auch auf dem Transfermarkt. Die drei größten Spieler des folgenden Jahrzehnts waren auf höchst unterschiedliche Weise mit United verbunden. Bobby Charlton war

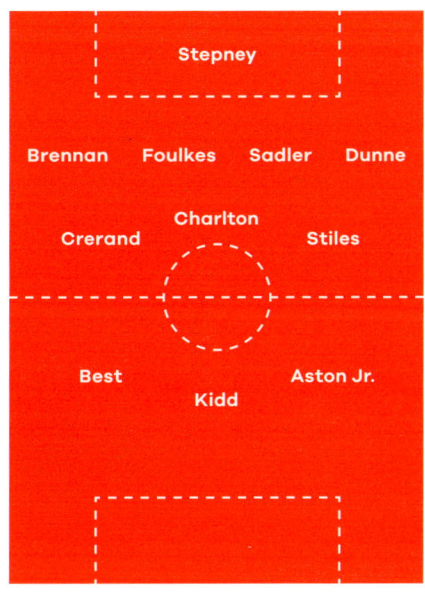

— *Alex Stepney*
Nicht nur ein guter, auch ein lauter Torwart. Einmal brüllte er seine Vorderleute so engagiert zusammen, dass er sich dabei den Kiefer ausrenkte.

— *Shay Brennan*
Der offensive Außenverteidiger kam 1958, sein Debüt war das erste Spiel nach dem *Munich Air Desaster*.

— *Bill Foulkes*
Einer der Überlebenden des Flugzeugunglücks. Zu Beginn der Karriere arbeitete er noch im Kohlebergwerk.

— *David Sadler*
Meist spielte er in der Innenverteidigung, war aber ein Allrounder, der im Mittelfeld und im Sturm eingesetzt werden konnte.

— *Tony Dunne*
Nur 1,69 Meter groß, aber von 1960 bis 1973 eine Bank als linker Außenverteidiger.

— *Pat Crerand*
Charlton und Best schön und gut, doch Crerand war es, der den Laden zusammenhielt.

— *Bobby Charlton*
Der Einzige neben Matt Busby, der es später zum Sir brachte. 1966 Weltmeister und „Europas Fußballer des Jahres".

— *Nobby Stiles*
Pflegte mitunter das Gebiss herauszunehmen, nicht deshalb war der beinharte Stiles ein Gegenspieler der furchterregenden Art. Auch er Weltmeister 1966.

— *George Best*
Einer der talentiertesten Fußballer aller Zeiten, aber auch einer der talentiertesten Trinker. Seine beste Zeit hatte er deshalb bereits mit Anfang zwanzig.

— *Brian Kidd*
Der Moment seines Lebens: Der Stürmer traf beim Finale gegen Benfica in der Verlängerung zum zwischenzeitlichen 3:1. Es war sein 19. Geburtstag.

— *John Aston Jr.*
Schon sein Vater John Aston Sr. hatte für United gespielt. Der Junior war aber meist nur Ergänzungsspieler.

einer der Überlebenden von München, George Best ein neues *Busby Babe* („Ich glaube, ich habe ein Genie gefunden", soll der Scout Bob Bishop an Busby gekabelt haben, als er den 15-jährigen in Belfast entdeckte), und der Schotte Denis Law wurde für eine Ablösesumme von 115 000 Pfund vom AC Turin geholt. Dass alle drei im Laufe der sechziger Jahre zu „Europas Fußballer des Jahres" gewählt wurden, zeigt, wie stark die Mannschaft in dieser Dekade war.

1965 und 1967 wurde Manchester United Englischer Meister, doch Matt Busby wollte auf den europäischen Thron. Zum einen, weil bis dahin noch keinem englischen Team der Sieg im Landesmeisterpokal gelungen war, zum anderen, weil es eben dieser Wettbewerb war, der die ursprünglichen *Busby Babes* das Leben gekostet hatte – diese Rechnung war also noch offen. Am 29. Mai 1968 traf United im Londoner Wembley-Stadion auf Benfica Lissabon. Denis Law fehlte wegen einer Knieverletzung, doch davon ließ sich das Team nicht mehr aufhalten. Charlton brillierte, der später dem Alkohol verfallene Best hatte die richtige Balance zwischen Genie und Wahnsinn. Und Busby weinte nach dem 4:1 nach Verlängerung, diesmal vor Glück. Die große Wunde hatte sich ein Stück weit geschlossen. ⎯

Der Mann im Hintergrund auf diesem Bild mal im Vordergrund: Matt Busby war der Vater des Erfolges, ach was, des Fußballs.

BRASILIEN 1982

Text —Christoph Biermann

Die achtziger Jahre waren nicht nur auf den Rängen, sondern auf auf dem Platz eine dunkle Ära des Fußballs. *Brasilien sorgte wenigstens für etwas Freude,* scheiterte aber sehr romantisch

Hinten (von links): Waldir Peres, Leandro, Oscar, Falcao, Luisinho, Junior
Vorne (von links): Masseur Nocaute Jack, Socrates, Toninho Cerezo, Serginho, Zico, Eder

Die fantastischen drei beim
Freistoß: Mannschaftskapitän
Socrates, neben ihm Zico
und Falcao im Hintergrund.

Oben: Das Dreamteam wird bei der WM 1982 brutal weggegrätscht (auch wenn es das Spiel gegen Argentinien gewinnt).

Unten: Die brasilianischen Fans vergöttern die Selecao jener Zeit. Und sind zugleich wütend, weil sie die WM nicht gewinnt.

Noch scheint das Gute zu siegen: Socrates feiert sein schnelles Ausgleichstor gegen Italien mit Zico, Falcao und den brasilianischen Fans.

Wie kann eine Mannschaft zu einer Jahrhundertelf werden, die doch eigentlich scheiterte? Die es 1982 bei der WM in Spanien nicht einmal bis ins Halbfinale schaffte – und auch nicht vier Jahre später in Mexiko. Dabei findet sich die Antwort darauf genau dort: im Scheitern. Die brasilianische *Selecao* gilt bis heute als ein Dreamteam, weil sie mit so vielen wunderbaren Spielern besetzt war, deren Scheitern nicht einfach nur eine schnöde Niederlage war, sondern ein romantischer Untergang von Fußballgöttern. Vielleicht war diese Mannschaft sogar das letzte Team, das die Schönheit nicht dem Erfolg opfern wollte. Und das inmitten dunkler Zeiten des Spiel.

Denn die achtziger Jahre waren nicht nur auf den Rängen schlimm, wo Gewalt immer mehr zu einer Selbstverständlichkeit wurde. Auch auf dem Rasen regierten die Klopper, Treter und Zyniker. Kraft und Ausdauer waren wichtiger als Eleganz und Ballkunst. Defensive galt mehr als Offensive. Doch während der Fußball an sich selbst erstickte, kamen die Brasilianer daher mit ihrem *O jogo bonito*, dem schönen Spiel. „Wir wollten ein Spektakel bieten. Man mag das dumm nennen, wir konnten nicht anders", sagte der große Socrates im Rückblick. Für ihn, den Kinderarzt, war das Stadion immer mehr als nur ein Ort, um Siege zu feiern, konnte man doch auf dem Rasen demokratische Ideen genauso propagieren wie das Publikum entzücken.

1982 tanzten sie – von der Welt wegen ihrer Ballkunst bestaunt – durchs Turnier, um dann doch zu scheitern. Selten prallten zwei konträre Spielphilosophien so ungebremst aufeinander wie im Spiel der zweiten WM-Finalrunde im Estadi Sarria in Barcelona. Hier die Italiener, die dem *Catenaccio* huldigten,

Waldir Peres

Luisinho **Oscar**

Leandro **Junior**

Cerezo **Falcao**

Zico **Socrates**

Serginho **Eder**

— *Waldir Peres*
Nahm zwar an drei Weltmeisterschaften teil, war aber nur 1982 die Nummer eins.

— *Leandro*
Einer der größten brasilianischen Verteidiger aller Zeiten. Spielte im Verein nur für Flamengo Rio de Janeiro.

— *Oscar*
2007 gründete der Innenverteidiger einen eigenen Fußballverein, den heutigen Zweitligisten Brasilis Futebol Clube.

— *Luisinho*
Trotz des frühen Aus wurde er als bester Innenverteidiger ins All-Star-Team der WM gewählt.

— *Junior*
Machte 74 Länderspiele und wurde dann mit Brasiliens Beachsoccer-Team sechsmal Weltmeister.

— *Toninho Cerezo*
Verband als einer der ersten modernen „Sechser" Kraft und Wucht mit Kreativität und Eleganz.

— *Socrates*
War nicht nur einer der größten Spieler, sondern auch politischer Aktivist. Litt später an einer Alkoholsucht, die zu seinem tragischen, viel zu frühen Tod führte.

— *Zico*
Der damals beste Mittelfeldgestalter der Welt wechselte nach der WM etwas überraschend zu Udinese in die italienische Provinz.

— *Eder*
Dass der dynamische Linksaußen auch als schwierig galt, belegen die 19 Vereinswechsel seiner Karriere.

— *Falcao*
Nach der Niederlage gegen Italien war einer der größten brasilianischen Kicker aller Zeiten so frustriert, dass er zuerst seine Karriere beenden wollte. Gut, dass er es nicht tat.

— *Serginho*
Der Stürmer hatte die WM 1978 verpasst, weil er eine elfmonatige Strafe für die Attacke auf einen Linienrichter absitzen musste.

den Coach Enzo Bearzot noch einmal perfektioniert hatte. Auf der anderen Seite die genialen, aber oftmals versponnenen Dribbler und Kombinierer Brasiliens, angeführt vom infernalischen Quartett Zico, Socrates, Toninho und Falcao. Ihr traumwandlerischer *Futebol arte* hatte sie zum unumstrittenen WM-Favoriten gemacht, die *Selecao* von 1982 galt endlich als würdiger Nachfolger der legendären Mannschaft von 1970. „Von taktischem Geplänkel halte ich ganz und gar nichts. Für mich darf der Sieg nie die Mittel heiligen. Es lebe der schöne Fußball", brachte Socrates den Geist dieser Ausnahmemannschaft auf den Punkt. Doch so ehrlich muss man sein: Der unbedingte Wille zu offensiver Schönheit war auch

die Achillesferse des Teams. Zwanzig Minuten vor Schluss stand es 2:2 gegen Italien, das hätte zum Weiterkommen ins Halbfinale gegen Polen gereicht. Brasilien aber spielte weiter nach vorne – und Italien schoss den Siegtreffer. Brasilien schied aus, und glaubt man Zico, dem „weißen Pelé", war es ein Tag, an dem der Fußball starb. Nach Zicos Überzeugung hätte sich das Spiel ohne diese Niederlage anders entwickelt, wäre kreativer geworden und weniger am nackten Ergebnis orientiert. Und wirklich dauerte es bis tief in die neunziger Jahre hinein, bis der Fußball sich aus seiner defensiven Erstarrung löste.

„Das Dreamteam war die beste *Selecao* aller Zeiten", behauptet Zico noch heute. Da werden die Fans der Mannschaft von 1970 genauso protestieren wie jene des Teams von der WM 1958. Aber vielleicht kann man sich darauf einigen, dass es danach keine bessere Auswahl mehr gab. Doch zugleich nahm das Publikum daheim den Spielern die Tragödie von Sarria übel, das überflüssige Aus gegen Italien. Hätten sie nicht wenigstens ein bisschen mehr auf die Defensive achten und Paolo Rossi im Auge behalten können, der alle drei italienischen Tore schoss? Socrates zuckte dazu nur mit den Achseln: „Für mich war Fußball immer Spektakel", sagte er.

War Trainer Tele Santana der Schutzheilige des *Jogo bonito* – oder taktisch zu naiv? Bis heute fragt sich Brasilien das.

NIGERIA 1994

Text — Uli Hesse

Die „Super Eagles" gewannen die Meisterschaft ihres Kontinents *und reisten sogar als Geheimfavorit zur WM.* Vielleicht wurden sie erst von ihrem eigenen Trainer gestoppt

Hinten (von links): Co-Trainer Bitrus Bewarang, Co-Trainer Jo Bonfrere, Mannschaftsarzt Dr. Akin Amao, Cheftrainer Clemens Westerhof, Uche Okafor, Stephen Keshi, Samson Siasia, Alloysius Agu, Finidi George, Uche Okechukw, Daniel Amokachi, Augustine Eguavoen, Peter Rufai, Torwarttrainer Gerrie van Eijk, Co-Trainer Christian Chukwu; Vorne (von links): Fitnesscoach Sergeant Steven Edema, Efan Ekoku, Nduka Ugbade, Sunday Oliseh, Rashidi Yekini, Ben Iroha, Emmanuel Amunike, Jay-Jay Okocha, Physio Babatunde Aromasodun

Oben: Zwei Monate nach dem Afrika-Cup verliert Nigeria mit Sunday Oliseh bei der WM gegen Diego Maradonas Argentinien.

Unten: Aber die Fans sind guter Dinge, denn ihr Team erreicht trotzdem das Achtelfinale. Dort ist schließlich Endstation.

Wann immer die Geschichte einer großen Mannschaft aus Afrika erzählt wird, dauert es meist nicht lange, bis die Rede auf den europäischen Trainer kommt, der seinen Schützlingen in mühsamer Kleinarbeit Disziplin und Taktik näherbrachte. Dieser Ansatz hat immer ein unangenehm kolonialistisches Geschmäckle, aber im Fall von Nigerias Wunderelf der frühen Neunziger müssen wir wirklich ausführlich über den eigenartigen Mann sprechen, der auf ihrer Trainerbank saß. Er hieß Clemens Westerhof und übernahm die „Super Eagles" im Juli 1989. Im folgenden Jahr führte er das Team ins Finale des Afrika-Cups; im Oktober 1993 gelang ihm die erste WM-Qualifikation Nigerias überhaupt. Kurz darauf, im April 1994, holte er die erst zweite Afrikameisterschaft für das Land, bevor er bei der WM in den USA das Achtelfinale erreichte, wo sein Team den späteren Finalisten Italien an den Rand einer Niederlage brachte. Man kann also sagen, dass Nigeria unter dem Holländer viel Erfolg hatte. Die ungeklärte Frage ist allerdings, ob die Elf das dank Westerhof schaffte – oder trotz.

In seiner Heimat galt Westerhof Ende der Achtziger als Persona non grata, weil er einen ganzen Klub (Feyenoord) und einen Nationalhelden (Johan Neeskens) ohne Beweis des Dopings bezichtigt hatte. Er fristete sein Trainerdasein in der vierten Liga, als er durch Zufall die Chance bekam, sich in Nigeria neu zu erfinden. Dort fiel ihm die Goldene Generation des Landes in den Schoß, und man kann den Standpunkt vertreten, dass jemand, der Jay-Jay Okocha, Sunday Oliseh, Finidi George, Daniel Amokachi, Victor Ikpeba und Emmanuel Amunike aufstellen kann, etwas gewinnen sollte.

Dazu kommt, dass Westerhof sich offenkundig unlauterer Methoden bediente. Als Okocha bei der WM gefragt wurde, warum er plötzlich nur noch Ersatz war, sagte er: „Der Trainer lässt die Spieler spielen, die ihm gehören." Damit meinte er, dass Westerhof sich seinen Nationalspielern als Berater aufdrängte, um sie dann lukrativ nach Europa zu verschachern. Im Juli 1994 zitierte der „Kicker" einen in Nigeria lebenden Holländer mit den Worten: „Westerhof hat an Transfers schon mindestens eine Million Dollar verdient. Wer bei ihm nicht unter Vertrag ist, wird nicht aufgestellt." Man kann also verstehen, dass Westerhof in der Mannschaft höchst umstritten war. „Die einen lieben mich, die anderen hassen mich", gab der Mann ungeniert zu, der sich selbst schon mal als „besten Trainer der Welt" bezeichnete.

— *Peter Rufai*
Der Torwart nahm an zwei Weltmeisterschaften teil und spielte in Benin, Belgien, Holland, Portugal sowie Spanien.

— *Uche Okechukwu*
Wurde mit Bröndby zweimal Meister in Dänemark und mit Fenerbahçe zweimal in der Türkei.

— *Uche Okafor*
Der früh verstorbene Abwehrrecke spielte 1993 für Hannover 96 in der zweiten Liga.

— *Ben Iroha*
Wurde unter Westerhof vom Mittelfeldspieler zum Verteidiger umgeschult.

— *Augustine Eguavoen*
Führte die Elf im Finale als Kapitän auf den Rasen (in Vertretung von Stephen Keshi).

— *Emmanuel Amunike*
Afrikas „Fußballer des Jahres 1994" schoss im Finale des Afrika-Cups beide Tore zum 2:1-Sieg gegen Sambia.

— *Jay-Jay Okocha*
Der Superdribbler gilt bei mehreren Klubs, darunter Eintracht Frankfurt, als Idol der Fans und bestritt 75 Länderspiele.

— *Sunday Oliseh*
Wurde Meister in Deutschland (mit Dortmund) und Holland (mit Ajax), 1996 gewann er Olympiagold.

— *Finidi George*
Der Außenstürmer errang im Trikot von Ajax acht Titel, darunter 1995 die Champions League. Ein Wechsel zu Real Madrid zerschlug sich 1996 im letzten Moment.

— *Daniel Amokachi*
Holte in drei Ländern (Belgien, England, Türkei) den Pokal, musste seine Karriere im Ausland aber wegen Verletzungen schon früh beenden.

— *Rashidi Yekini*
War der beste Torjäger beim Afrika-Cup 1994, nachdem er im Jahr zuvor zum besten Spieler des Kontinents gewählt worden war.

Der Holländer hielt sich nur deshalb im Amt, weil er sehr gute Beziehungen zum Verteidigungsminister (und späteren Diktator) Sani Abacha pflegte. Und weil man nicht kurz vor der WM den Trainer wechseln wollte, schließlich galt Nigeria nicht nur im eigenen Land als einer der Geheimfavoriten. Ob auf sanften Druck von oben oder freiwillig, Westerhof kündigte schließlich an, seinen Posten im Spätsommer 1994 zur Verfügung zu stellen. Als ein deutscher Reporter Okocha drei Tage vor dem Italien-Spiel fragte, ob er froh sei, dass der Trainer nach der WM aufhört, erwiderte der Frankfurter Profi: „Vielleicht hört er ja schon vorher auf."

Warum diese Prophezeiung wahr wurde, das wird bis heute diskutiert. Die meisten Beobachter sind sich einig, dass die „Super Eagles" nach dem Führungstor zu passiv wurden. Ex-Nationalspieler und Kolumnist Segun Odegbami meint, Westerhof habe es „an tiefem taktischen Verständnis" gemangelt, während der Journalist Solace Chukwu glaubt, die Ursache sei eine „mentale Blockade gegen namhafte Gegner" gewesen. Die Beteiligten selbst hatten keine Zweifel am Schuldigen. „Wir haben zu früh angefangen, defensiv zu spielen", sagte Okocha nach dem Spiel. „Und entscheidend für die Taktik ist der Trainer." —

Die Afrikameisterschaft 1994 blieb Westerhofs einziger Titel. Er trainierte später noch sporadisch in Simbabwe und Südafrika.

AJAX AMSTERDAM 1995

Text — Tobias Ahrens

Louis van Gaal machte aus Ajax Amsterdam ein Team nach seinen Vorstellungen. Das Champions-League-Finale 1995 *gilt als Krönung* der Elf – ihr bestes Spiel war aber ein anderes

Hinten (von links): Edwin van der Sar, Clarence Seedorf, Winston Bogarde, Nwankwo Kanu, Frank Rijkaard, Danny Blind
Vorne (vone links): Michael Reiziger, Jari Litmanen, Marc Overmars, Ronald de Boer, Finidi George

Im Halbfinale kommen Mehmet
Scholl und die Bayern immer
einen Schritt zu spät gegen Frank
Rijkaard und Ajax.

Oben: Verkehrte Welt – im Finale
spielt Milan (hier Franco Baresi) im
klassische Ajax-Weiß,
während Danny Blind Blau trägt.

Unten: Die kleinen Ajax-Fans wissen,
bei wem sie sich bedanken
müssen. Patrick Kluivert hat kurz vor
dem Ende zum 1:0 getroffen.

Oben: Seedorf und Van der Sar werden die Champions League noch öfter gewinnen, Ajax jedoch (zumindest bis heute) nicht.

Unten: „Ajax wint de wereldcup", singt man seit 1971, als der Klub diesen Cup (der nicht der Weltpokal ist) zum ersten Mal holte.

„Ajax ist nicht nur die Mannschaft der neunziger Jahre, sie nähert sich der Fußballutopie", sagte Jorge Valdano im November 1995. Soeben hatte das von ihm trainierte Real Madrid eine Lehrstunde erteilt bekommen: 2:0 gewann Amsterdam das Rückspiel in der Gruppe D der Champions League, doch es hätte auch 5:0 enden können, wie Louis van Gaal noch Jahrzehnte später vorrechnen würde. Er sollte es als das beste Spiel seines Lebens bezeichnen: „Aus Trainerperspektive war es das ultimative Spiel. Nach dem Schlusspfiff hatte ich die Gewissheit, dass wir alles erreichen können." Was seltsam ist. Weil Ajax unter ihm schon alles erreicht zu haben schien. Im Mai 1995, ein halbes Jahr vor dem 2:0 gegen Madrid, hatten die Niederländer die Champions League gewonnen.

Vor dieser wunderbaren Epoche hatte Ajax eine Phase des Umbruchs durchlebt. Unter Johan Cruyff feierte der Klub 1987 noch den Europapokal der Pokalsieger, dann aber entlud sich ein Streit zwischen dem kongenialen Trainer und seinem Klubvorstand über die Wechsel von Marco van Basten und Frank Rijkaard ins Ausland. Als Van Gaal im September 1991 das Amt des Cheftrainers übernahm, riefen die Fans noch immer einen Namen: Cruyff. Im Schatten der Legende baute Van Gaal eine Mannschaft aus jungen, speziell ausgebildeten Spielern auf, die bereit waren, den Kollektivstil ihres Cheftrainers umzusetzen. „Fußball ist ein Mannschaftssport und die Mitglieder der Mannschaft sind daher voneinander abhängig", sagte Van Gaal. In seinem 3-4-3-System hatte er die kampfstarken Edgar Davids und Clarence Seedorf im Mittelfeld postiert. Hinter ihnen sorgten der zurückgekehrte Frank Rijkaard und Kapitän Danny Blind für Ordnung. In der Offensive bedachten Marc Overmars und Finidi George die Stürmer wie Ronald de Boer oder den 18-jährigen Patrick Kluivert mit ihren Flanken. Das Spiel von Ajax war zu dieser Zeit so schnell und gewaltig, dass das Team die Saison 1994/95 mit der Meisterschaft und dem Champions-League-Titel beendete – ungeschlagen in beiden Wettbewerben! (In der heimischen Liga erzielte es 106 Tore in 34 Spielen.)

Im Halbfinale fegte Ajax die Bayern mit 5:2 geradezu vom Feld, obwohl zwei wichtige Stammspieler an dem Tag fehlten, der gelbgesperrte Frank de Boer und Edgar Davids, der noch unter den Folgen der Augen-OPs litt, die dazu führten, dass die Brille sein Markenzeichen wurde. Es ist daher ein wenig tragisch, dass das 1:0 im Finale der Königsklasse

— *Edwin van der Sar*
Der fußballerisch sehr beschlagene Keeper gewann die Champions League auch 2008 mit Manchester United.

— *Michael Reiziger*
Hatte 1996/97 ein schwieriges Jahr in Italien, bevor ihn Van Gaal nach Barcelona holte, wo er wieder aufblühte.

— *Danny Blind*
Der Libero wurde in den Niederlanden 1995 und 1996 zum „Fußballer des Jahres" gewählt.

— *Frank de Boer*
Der Freistoßexperte bestritt 112 Länderspiele, nur zwei Fußballer liefen öfter für Oranje auf (Van der Sar und Wesley Sneijder).

— *Frank Rijkaard*
Hatte den Pokal der Meister zweimal mit Milan geholt, bevor er 1993 zu Ajax zurückkam.

— *Clarence Seedorf*
Ist der einzige Spieler, der mit drei Vereinen die Champions League gewann (Ajax, Real Madrid, Milan).

— *Jari Litmanen*
Der Rekordspieler der finnischen Nationalelf kam 1992 auf Leihbasis von einem kleinen Klub zu Ajax, der ihn aber rasch für eine Million Gulden verpflichtete.

— *Edgar Davids*
Jeder weiß, dass der kampfstarke Spieler „Pitbull" hieß. Wenige wissen, dass man ihn in Holland auch „Heintje" nennt, nach einer Namensvetterin.

— *Finidi George*
Der Rechtsaußen aus Nigeria, der stets „Finidi" auf seinem Trikot trug, spielte später in Spanien und in England.

— *Ronald de Boer*
Der Zwillingsbruder von Frank wurde mit Barcelona Meister in Spanien und mit den Glasgow Rangers in Schottland.

— *Marc Overmars*
Der trickreiche Linksaußen ging 1997 zu Arsenal, wo er neben Dennis Bergkamp stürmte und 1998 das Double gewann.

gegen Titelverteidiger AC Mailand im Verhältnis öde daherkommt. Bereits in der Gruppenphase hatte Milan in Amsterdam den Platz als Verlierer verlassen. „Wir waren überrascht, dass sie am Tag des Spiels in Amsterdam auftauchten, als ob die Verantwortlichen dachten, sie würden Ajax mühelos besiegen", erinnerte sich Torwart Edwin van der Sar. Auf einem durchtränkten Platz dominierte Ajax, im Durchschnitt 24 Jahre alt, das alternde Mailänder Starensemble.

Im Finale wollte Mailands Coach Fabio Capello diesen Fehler nicht noch mal machen. So rannten Ajax' Wilde gegen Mauern an. Entscheidend war am Ende Van Gaals Vertrauen in die Jugend. (Altstars? „Im schlimmsten Fall spulen sie 90 Minuten ab wie auf Autopilot", sagte er. „Mit der Jugend bekommt eine Elf neue Impulse.") Nach der Pause brachte er zwei stürmende Teenager. „Ich glaubte, wir könnten gewinnen", erklärte Van Gaal später, warum er erst Nwankwo Kanu einwechselte, dann Kluivert. In der 85. Minute nahm Letzterer am Strafraumrand ein Zuspiel von Rijkaard auf, doch statt den Doppelpass zu suchen, drehte sich der junge Stürmer zum Tor. „Es war direkt vor mir. Der Ball hüpfte einmal, aber ich traf ihn mit der Zehenspitze." 1:0. Das perfekte Spiel? Folgte ein halbes Jahr später. ——

Fünfzehn Jahre später wird Aloysius Paulus Maria van Gaal auch den FC Bayern ins Finale der Champions League führen.

JUVENTUS TURIN 1996–98

Text — Uli Hesse

Drei Jahre lang beherrschte Marcello Lippis Wunderteam den Kontinent – und *gilt dennoch als unvollendet,* weil es oft an den entscheidenden Tagen unter seinen Möglichkeiten blieb

Hinten (von links): Nicola Amorusu, Ciro Ferrara, Moreno Torricelli, Mark Iuliano, Christian Vieri, Alen Boksic, Zinedine Zidane, Alessio Tacchinardi, Paolo Montero, Sergio Porrini; Mitte (von links): Raffaele Ametrano, Gianluca Pessotto, Fitnesstrainer Giampiero Ventrone, Co-Trainer Narciso Pezzotti, Trainer Marcello Lippi, Torwarttrainer Ivano Bordon, Physio Aldo Esposito, Vladimir Jugovic, Michele Padovano; Vorne (von links): Masseur Sergio Giunta, Angelo Di Livio, Didier Deschamps, Michelangelo Rampulla, Angelo Peruzzi, Davide Falcioni, Antonio Conte, Alessandro Del Piero, Masseur Giuseppe Giordano

Oben: Man kennt sie in Schwarz-Weiß, doch am 22. Mai 1996 tragen die Turiner ihr klassisches blaues Ausweichtrikot.

Unten: Fabrizio Ravanelli bejubelt sein frühes 1:0. Trotzdem wird es ein langer Abend: Juve muss ins Elfmeterschießen.

Da ist das Ding! Doch auch ein Vierteljahrhundert später wartet Juventus Turin noch auf die Wiederholung dieses Erfolges.

Oben: Da steht es Gelb auf Schwarz –
kurz vor der Pause liegt
der hohe Favorit im Finale 1997
deutlich in Rückstand.

Unten: Und auch 1998 endet alles
enttäuschend, obwohl Juventus
diesmal in der traditionellen Spiel-
kleidung antreten darf.

Nur sechs Vereine konnten dreimal in Folge um die wichtigste Klubtrophäe Europas spielen: Real Madrid, Benfica Lissabon, Ajax Amsterdam, Bayern München, der AC Mailand – und das große Team von Juventus Turin, das in den Neunzigern unter Marcello Lippi von Triumph zu Triumph eilte. Oder nur fast. Denn weil Fußball mitunter ein ungerechtes Spiel ist, hätten die Italiener ihre drei Endspiele um die Champions League zwar alle gewinnen können, vermutlich sogar müssen, durften aber nur ein einziges Mal jubeln. Das war 1996, als Juve gegen ein ersatzgeschwächtes Ajax trotz der besseren Torchancen in ein Elfmeterschießen musste, das dann aber für sich entschied, weil Torwart Angelo Peruzzi zwei Strafstöße abwehrte. „Angelo hat uns vor der Hölle bewahrt", jubelte der rechte Verteidiger Moreno Torricelli, einer der besten Spieler auf dem Platz, nach dem Abpfiff und hätte seinen Schlussmann dabei fast erdrückt.

Kurz vor dem Finale war durchgedrungen, dass die ohnehin schon sehr starken Turiner in der folgenden Saison eine noch bessere Elf haben würden, denn ein gewisser Zinedine Zidane hatte bei den Weiß-Schwarzen unterschrieben. Und auch die Abgänge von Fabrizio Ravanelli und Gianluca Vialli nach England wurden nicht einfach nur schnöde aufgefangen, denn Juventus angelte sich dafür Alen Boksic sowie die Jungstars Nicola Amoruso und Christian Vieri. Diese Traumtruppe tänzelte geradezu durch die Königsklasse und erreichte ohne Niederlage das 1997er Finale, von dem man in Turin noch immer nicht weiß, warum es von Borussia Dortmund gewonnen wurde. „Wären wir in Führung gegangen", sagte Lippi anschließend, „wäre alles anders gekommen." Damit bezog er sich auf die Anfangsphase, in der Turin das Spiel dominierte und den Ball gekonnt laufen ließ. Doch selbst nach dem plötzlichen und unerwarteten 0:2-Rückstand schien für Juventus noch alles drin zu sein, schließlich wusste Lippi noch einige Asse in seinem Ärmel. So brachte der Trainer zur zweiten Hälfte den Wunderknaben Alessandro Del Piero, der prompt ein herrliches Hackentor erzielte. Doch in dem Moment, in dem das Finale ganz sicher zu kippen schien, fand auch Lippis Gegenüber Ottmar Hitzfeld einen Joker in seinem Blatt. Der BVB-Trainer wechselte Lars Ricken ein, der mit seinem ersten Ballkontakt den italienischen Kapitän Peruzzi überlupfte. Dieser Sonntagsschuss brach Juves Willen.

In der Folgesaison beherrschte Lippis Mannschaft zwar die Serie A, trat

Peruzzi

Porrini Ferrara Montero Iuliano

Deschamps

Di Livio Jugovic

Zidane

Vieri Boksic

— *Angelo Peruzzi*
Vertrat im Finale 1997 den verletzten Antonio Conte als Kapitän, wurde (als Ersatzspieler) 2006 Weltmeister.

— *Sergio Porrini*
Stand gegen den BVB anstelle von Torricelli im Team, der sich im März das Schienbein gebrochen hatte.

— *Ciro Ferrara*
Spielte vier Finals in Serie, denn er bestritt auch die UEFA-Cup-Endspiele, die Juve 1995 gegen den AC Parma verlor.

— *Paolo Montero*
Der Uruguayer wurde während seiner 13 Jahre in der Serie A 16-mal des Feldes verwiesen – Ligarekord.

— *Mark Iuliano*
Beendete seine Karriere 2008, weil er positiv auf Kokain getestet und zwei Jahre gesperrt wurde.

— *Angelo Di Livio*
Bekannt als „il soldatino", kleiner Soldat, weil er sich aufopferte und den Stars den Rücken freihielt.

— *Didier Deschamps*
Als er 1994 nach Turin kam, wartete der Klub seit neun Jahren auf die Meisterschaft. Als er 1999 weiterzog, hatte er neun Titel gesammelt.

— *Vladimir Jugovic*
Der Serbe hatte den Pokal der Meister schon 1991 mit Roter Stern Belgrad gewonnen.

— *Christian Vieri*
Italiens „Fußballer des Jahres 2002" erlernte das Spiel in Australien, denn als er vier Jahre alt war, wanderten seine Eltern dorthin aus.

— *Zinedine Zidane*
Der Franzose verlor drei europäische Finals in Folge (zwei mit Juve, eines mit Bordeaux), bevor das Blatt sich für ihn wendete.

— *Alen Boksic*
Der Kroate verlor das Finale gegen Dortmund, hatte die Champions League aber schon 1993 gewonnen, als Sturmpartner von Rudi Völler mit Marseille.

aber international nicht mehr ganz so dominant auf. Fürs Finale der Königsklasse reichte es trotzdem wieder. Im Viertelfinale schoss Neuzugang Filippo Inzaghi vier Tore gegen Dynamo Kiew, in der Vorschlussrunde machte ihm Del Piero dieses Kunststück gegen die AS Monaco nach. Doch als es darauf ankam, fanden Juves Stürmer das Ziel nicht mehr. Allein in der zweiten Hälfte des Endspiels gegen Real Madrid vergaben die Turiner vier sehr gute Chancen, und so gelang das einzige Tor dem Gegner aus Spanien. Schon wieder musste Lippi sagen: „Ausgerechnet in dieser Partie haben wir nicht so gut gespielt wie üblich." Und schon wieder hatte er gegen einen deutschen Trainer den Kürzeren gezogen, denn bei Real saß Jupp Heynckes auf der Bank. Allerdings nicht mehr lange. Neun Tage nach dem Triumph wurde er entlassen. Sein unterlegener Kollege Lippi hingegen blieb im Amt. Jedenfalls vorerst. Nach einigen durchwachsenen Ergebnissen trat der leidenschaftliche Zigarrenraucher im Februar 1999 von seinem Posten zurück. Trotzdem hätte es Juve in der Champions League fast geschafft, auch noch ein viertes Endspiel in Folge zu erreichen. Erst das Halbfinale gegen Manchester United bedeutete die Endstation einer langen, erfolgreichen Reise durch Europa. ▬▬▬▬

Marcello Lippi kehrte 2001 für eine zweite Amtszeit zurück und erreichte mit Juve ein weiteres Finale. Auch dieses ging verloren.

SCHALKE 04 1958

Text — Florian Nussdorfer

Sie müssen etwas geahnt haben: Nach 16 Jahren holte Schalke endlich wieder den Titel – und Gelsenkirchen feierte, als wäre dies *die letzte Meisterschaft für lange, lange Zeit*

Hinten (von links): Trainer Eduard Frühwirth, Willi Koslowski, Heinz Kördell, Günter Siebert,
Manfred Kreuz, Berni Klodt, Spielobmann Karl Stutte; Mitte (von links): Karl Borutta, Otto Laszig, Günter Karnhof
Vorne (von links): Helmut Sadlowski, Manfred Orzessek, Günter Brocker

Oben: Im Gegensatz zu den Szenen,
die sich bald in Gelsenkirchen
abspielen, herrscht vor dem Anpfiff
in Hannover Ordnung.

Unten: Willi Koslowski setzt sich
gegen Hamburgs Erwin Piechowiak
durch. In der 29. Minute
legt er Berni Klodt das 2:0 auf.

Geschniegelt und gestriegelt:
Schalkes Torwart Manfred Orzessek
ist bereit für das
große Finale in Hannover.

Oben: Bereits in der 5. Minute erzielt
Berni Klodt im Tiefflug das 1:0.
Der „Kicker" spricht von einem „Tor-
pedokopfball".

Unten: 18 Jahre nach seinem
Bruder Hans gewinnt auch Berni Klodt
mit dem FC Schalke 04
die Deutsche Meisterschaft.

Es war ein Montag in Gelsenkirchen, doch niemand dachte an Arbeit. Es war der 19. Mai 1958, der Tag an dem die Königsblauen nach 16 Jahren des Wartens endlich wieder als Meister ins Revier zurückkehrten. „Sparsame Pensionäre gaben Lokalrunden, Männer tanzten mitten auf der Straße Walzer, und alte Mütterchen hängten die blau-weißen Fahnen ihrer fußballbegeisterten Enkel aus dem Schlafzimmerfenster", notierte die euphorische Lokalpresse und wusste zu berichten: „Beim ‚Polnischen Ignaz' an der Magdeburger Straße ging wie in jedem Schalker Lokal ab sofort keiner mehr freiwillig nach Hause." Geschätzte 250 000 Menschen drängten sich rund um den Gelsenkirchener Bahnhof, um das aus Hannover kommende Team zu empfangen. Unter ihnen auch Fritz Szepan und Ernst Kuzorra sowie weitere Spieler der letzten Schalker Meistermannschaft, die ihre Nachfolger mit Tränen der Rührung in den Augen grüßten. Gefeiert wurde der souveräne 3:0-Sieg im Finale in Niedersachsen gegen den HSV, aber auch der souveräne Marsch dorthin. Die beeindruckende Bilanz: vier Endrundenspiele, 19 geschossene Tore und nur ein Gegentreffer. „Wir waren nicht mehr aufzuhalten, weil wir damals den modernsten Fußball spielten", sagte Willi Koslowski später.

Seit seinem Amtsantritt im Sommer 1954 hatte Trainer Edi Frühwirth der Mannschaft die Verspieltheit des einstigen „Schalker Kreisels" ausgetrieben und in einen weitaus zielstrebigeren Kombinationsfußball überführt. Die Grundlagen dafür legte er mit innovativem Konditionstraining, bei dem auch Sandsäcke und Bleiwesten zum Einsatz kamen. Der Wiener war jedoch weitaus mehr als ein harter Hund, der zur Kontrolle der Ernährung auch schon mal bei den Spielern zu Hause aufschlug. Vielen war er eine Vaterfigur, mit der sie auch über Privates plaudern konnten. Die menschliche Wärme zahlte sich aus, der Zusammenhalt in der Mannschaft war enorm. Als Frühwirth seinen beiden Stürmern Günter Siebert und Manni Kreuz einmal mitteilte, dass er Schwierigkeiten habe, sich zwischen den beiden zu entscheiden, überboten sich die zwei mit Empfehlungen für den jeweils anderen. Von diesem Einheitsgefühl getragen schafften es die Schalker 1958 bis ins Endspiel nach Hannover. Dort brillierten sie zwar nicht, aber triumphierten dank „moderner athletischer Zweckmäßigkeit", wie der „Kicker" festhielt. Mann des Spiels war Weltmeister Berni Klodt, nicht nur aufgrund seiner beiden Tore.

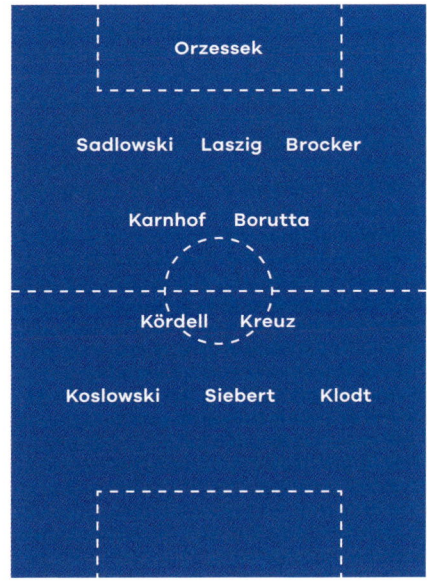

Orzessek

Sadlowski Laszig Brocker

Karnhof Borutta

Kördell Kreuz

Koslowski Siebert Klodt

— **Manfred Orzessek**
Wegen seiner Sprungkraft und der schnellen Bewegungen hatte der leicht untersetzte Keeper schnell den Spitznamen „Löwe" weg.

— **Helmut Sadlowksi**
Der von Frühwirth zum Verteidiger umgeschulte Stürmer nahm im Finale Uwe Seeler aus dem Spiel.

— **Günter Brocker**
War nicht nur Verteidiger, sondern auch Verkäufer im Westfalen-Kaufhaus in Gelsenkirchen.

— **Karl Borutta**
Wechselte später nach München und war der erste Bayern-Spieler, dem in der Bundesliga ein Eigentor unterlief.

— **Otto Laszig**
Gab schon als 18-Jähriger unter Fritz Szepan sein Debüt für Schalke.

— **Günter Karnhof**
War so fleißig, dass er gleich zwei Spitznamen hatte: „Arbeitsbiene" und „Terrier".

— **Willi Koslowski**
Ein echter Knappe: Lernte Bergmann auf der Zeche „Hugo". Im Verein profitierte er von Jugendförderer Frühwirth.

— **Heinz Kördell**
Löste nach dem gewonnenen Finale eine Wette ein und sprang in den Hotelteich.

— **Günter Siebert**
Den späteren Präsidenten nannten sie nicht nur „Oskar", sondern auch „Forelle" – weil er vor den Augen der Mannschaft einen Fisch mit bloßer Hand gefangen hatte.

— **Manfred Kreuz**
Eigenen Angaben zufolge verhinderten sein Bier- und Zigarettenkonsum eine Karriere in der Nationalmannschaft.

— **Berni Klodt**
Spielte insgesamt 18 Jahre für S04, war Rechts- und Linksaußen, Spielmacher, Torjäger und Mannschaftskapitän der Meisterelf. Vor allem aber: eine echte Schalker Legende.

„Es gibt wohl wenige Fußballspieler, sogar in Europa, die so ungewöhnlich variantenreich alle Register des Fußballs zu ziehen vermögen", jubilierte der „Kicker".

Die Heimfahrt nach dem Sieg gestaltete sich zäh, denn an jedem westdeutschen Bahnhof wollten Stadt- und Vereinsvertreter den Meistern Blumen und Geschenke überreichen, sogar in Dortmund hatte der Zug eine Stunde Aufenthalt. In Gelsenkirchen schaffte es manch ein Spieler durchs wilde Getümmel nicht einmal zum Autokorso. Dabei hatte eine Firma extra zehn neue Karossen zur Verfügung gestellt. An denen musste sie jedoch am nächsten Morgen einen mittelschweren Schaden in Höhe von 3000 bis 4000 Mark feststellen, so ekstatisch war der Triumphzug vom Hauptbahnhof zum Schalker Markt ausgefallen. Auch vom Blumenstrauß, den Kreuz bei der Ankunft in die Hand gedrückt bekommen hatte, waren nur ein paar Stängel übrig.

Feierten die Schalker derart ausgelassen, weil sie verwöhnt von den Erfolgen der dreißiger und vierziger Jahren eine lange Durststrecke hinter sich hatten? Oder weil sie ahnten, dass ihnen eine noch viel längere bevorstehen würde? Der spätere Vereinspräsident Siebert jedenfalls schwärmte noch Jahrzehnte später: „Meister zu werden, ist das Größte!" —

Harter Hund mit menschlicher Wärme: Eduard „Edi" Frühwirth modernisierte das Training und das Spiel der Schalker.

1. FC KÖLN 1978

Text — Tobias Ahrens

Trainer Hennes Weisweiler wehrte sich gegen ein Starensemble, *Heinz Flohe stach beim 1. FC Köln trotzdem heraus.* Fürs Double aber benötigte der Effzeh einen kleinen Kniff

Ganz hinten (von links): Wolfgang Weber, Preben Elkjaer Larsen, Klaus Kösling, Heinz Pape, Harald Konopka, Heinz Simmet, Heinz Flohe; 2. Reihe (von links): Trainer Hennes Weisweiler, Dieter Müller, Roland Gerber, Bernd Cullmann, Holger Willmer, Norbert Schmitz, Hannes Löhr, Co-Trainer Rolf Herings; 3. Reihe (von links): Ferdinand Rohde, Herbert Hein, Herbert Neumann, Herbert Zimmermann, Dieter Prestin, Gerhard Strack; Vorne (von links): Rainer Nicot, Jürgen Glowacz, Harald Schumacher, Gerald Ehrmann, Dieter Schwabe, Roger van Gool

Oben: Ein symbolisches Bild aus
dem Pokalfinale, denn Köln
(Dieter Müller) ist oben, Düsseldorf
(Gerd Zimmermann) unten.

Unten: Man sieht es der Miene
von Roland Gerber nicht an,
aber er ist gerade DFB-Pokalsieger
geworden.

Die Großen bekommen einen
Spitznamen. Die ganz Großen zwei:
Aus Harald Schumacher
wurde „Toni", dann „Tünn".

Oben: Cullmann, Schumacher (verdeckt), Zimmermann und Neumann feiern den dritten Pokalsieg des 1. FC Köln.

Unten: Zwei Wochen später, am 29. April 1978, bejubelt die ganze Stadt auch noch die dritte Meisterschaft ihres Klubs.

Alles begann mit dem Abschied von Wolfgang Overath. Im Sommer 1976 war Hennes Weisweiler, der ehrgeizige Meistermacher, unter dem Jubel der Kölner Fans ans Geißbockheim zurückgekehrt. Doch der Star auf der Bank und der Star auf dem Feld gerieten schnell aneinander. Als Weisweiler im DFB-Pokalfinale 1977 gegen Hertha BSC den alternden Overath vor der Verlängerung auswechselte – ein Affront! – und ihn beim Wiederholungsspiel sogar nur auf die Bank setzte, war das Tischtuch endgültig zerschnitten. „Er war einer der größten Trainer, die es je in Deutschland gab, aber er bevorzugte Charaktere, die ihm bedingungslos folgten. Er wollte keinen überragenden Spieler aus dem Gefüge herausheben", sagte Overath später über Weisweiler. Doch der Fußballlehrer sollte mit seinem Konzept recht behalten: Sein Team gewann den Pokal gegen Hertha.

Trotz dieses Erfolges war die Stimmung vor der Saison 1977/78 gedämpft. Overath hatte seine Karriere nach dem offenen Disput beendet, mit Gerry Ehrmann, Heinz Pape, Norbert Schmitz und Holger Willmer stießen nur Ergänzungsspieler zum Kader des Vorjahresfünften. Dass Weisweiler dann auch noch den durch Manager Karl-Heinz Thielen bereits eingestielten Millionentransfer des Starstürmers Johnny Rep vom FC Valencia kategorisch ablehnte, führte zur völligen Ernüchterung. Zu allem Überfluss verlor der Effzeh dann gleich am ersten Spieltag das Derby gegen Fortuna Düsseldorf mit 1:5. *Wat wells de maache?*

Nun, Weisweiler wusste tatsächlich, was er machen wollte: Als Libero spielte nach einer starken ersten Saison erneut der junge Roland Gerber. Verlass war auf Urgestein Bernd Cullmann, dessen Wechsel zu Borussia Dortmund erst im letzten Moment verhindert worden war, und im Tor schwang sich Toni Schumacher zu Weltklasseleistungen auf. Den im Vorjahr verpflichteten Millionenmann Roger van Gool schob Weisweiler auf die Position des Rechtsaußen neben Torjäger Dieter Müller. Und nach dem enttäuschenden Saisonstart legte Köln nach und holte mit dem Japaner Yasuhiko Okudera einen Ersatz für den alternden Hannes Löhr. Zum heimlichen Spielmacher und Kopf des Teams wurde Heinz Flohe auserkoren. Günter Netzer, sein Widersacher aus Mönchengladbach, würde später über ihn sagen: „Er ist so unglaublich gut gewesen, hat Dinge gemacht, die keiner von uns konnte, auch die ganz großen Spieler Deutschlands nicht." Franz Beckenbauer bezeichnete

— *Harald Schumacher*
Der Keeper wäre wohl sein ganzes Leben beim FC geblieben, wenn er 1987 nicht ein berühmtes Enthüllungsbuch veröffentlicht hätte.

— *Harald Konopka*
Einer der großen Schnauzbartträger der Liga bestritt 450 Pflichtspiele für die Geißböcke.

— *Roland Gerber*
Wurde 1976, mit gerade 23 Jahren, von Weisweiler zum Libero gemacht.

— *Gerd Strack*
Der 2020 verstorbene Vorstopper des Effzeh spielte später noch in Basel und für Düsseldorf in der 2. Liga.

— *Herbert Zimmermann*
Eine weitere sehr bekannte Rotzbremse der Bundesliga, gehörte 1980 zum EM-Aufgebot.

— *Bernd Cullmann*
Der Weltmeister von 1974 stand sechs Jahre später im EM-Finale gegen Belgien.

— *Herbert Neumann*
Der „Zehner" des Double-Siegers ging 1980 nach Italien, spielte in Udine und Bologna.

— *Heinz Flohe*
„Flocke" war das Idol einer ganzen Generation, litt leider den Rest seines Lebens unter den Spätfolgen eines Fouls, das seine Karriere beendete.

— *Roger van Gool*
Der Belgier gilt als erster Millionentransfer der Bundesliga, war sein Geld aber wert.

— *Dieter Müller*
Der Mittelstürmer schrieb in der Double-Saison Geschichte, als er im Heimspiel gegen Bremen mit sechs Toren einen bis heute unerreichten Ligarekord aufstellte.

— *Yasuhiko Okudera*
Der japanische Linksaußen (der im Pokalfinale auf der rechten Seite spielte) ist nicht auf dem Teamfoto, weil er erst im Oktober 1977 einen Vertrag unterschrieb.

ihn als „einen der besten Techniker der Welt". Was das bedeutete, sahen die Fans im Oktober 1977, als Flohe im Alleingang Aufsteiger 1860 München auseinandernahm. Mit dem 6:2 eroberte Köln die Tabellenführung – und gab sie bis Saisonende nicht mehr her.

Wie wichtig so hohe Siege waren – Köln schoss in sieben Spielen fünf Tore oder mehr – wurde erst am letzten Spieltag klar. Doch es waren nicht Flohe und Torschützenkönig Dieter Müller (24 Treffer), die dem Klub sein erstes Double bescherten. Sondern eine Finte von Manager Thielen. Den Pokal hatte Köln gegen Düsseldorf bereits verteidigt, vor dem letzten Spieltag lagen der FC und Gladbach punktgleich vorne. Die Tordifferenz der Geißböcke war zwar um zehn Treffer besser, doch der anstehende Gegner FC St. Pauli galt am heimischen Millerntor als unangenehm zäh. Spiele mit hohem Zuschauerandrang verlegten die Hanseaten allerdings der Einkünfte wegen gerne ins Volksparkstadion und gaben so den Heimvorteil ab. Weshalb Thielen als Anreiz versprach, mit 15 000 Schlachtenbummlern anzureisen. So viele kamen zwar nicht, aber St. Pauli zog trotzdem vom Millerntor ins Stadion des HSV … und Köln gewann souverän 5:0. Da half Gladbach auch der 12:0-Rekordsieg gegen Dortmund nichts. —

Weisweiler verbrachte als Spieler und Trainer in drei Etappen fast 24 Jahre beim 1. FC Köln (und dem Vorläuferklub Kölner BC 01).

RSC ANDERLECHT 1978

Text — Uli Hesse

In der Liga hatten die Lila-Weißen oft das Nachsehen, aber *sobald das Flutlicht anging* und um internationale Pokale gespielt wurde, war der belgische Traditionsklub so gut wie unbesiegbar

Hinten (von links): François Van der Elst, Gilbert Van Binst, Johnny Dusbaba, Nico de Bree, Hugo Broos, Jean Thissen
Vorne (von links): Benny Nielsen, Arie Haan, Ludo Coeck, Rob Rensenbrink, Franky Vercauteren

Oben: Noch hat Austrias Kapitän
Robert Sara (rechts) ein Lächeln auf
den Lippen. Doch gleich
wird seine Elf vom Platz gefegt.

Unten: Da geht's schon los –
Josef Sara (Roberts Bruder)
kommt zu spät gegen Franky
Vercauteren.

Denkt man an die ganz großen Mannschaften des Kontinents, fällt einem der Traditionsverein aus dem Brüsseler Problembezirk Anderlecht vermutlich eher spät ein. Dabei gelang dem Royal Sporting Club das höchst seltene Kunststück, in gerade drei Jahren – von 1976 bis 1978 – um fünf europäische Titel zu spielen und vier davon auch zu gewinnen. (Nur der AC Mailand, der FC Liverpool und Real Madrid können das ebenfalls von sich behaupten.) Die meisten Leute verbinden diese Erfolgsserie mit dem kettenrauchenden Trainer Raymond Goethals, der nur wenige Kilometer von Anderlechts Stadion entfernt seine Kindheit verbracht hatte. Dabei baute Goethals die größte Elf in der Geschichte des RSC nicht etwa auf, sondern übernahm sie lediglich. Es war ein heute vergessener Holländer namens Hans Croon, der Anderlecht ins Finale um den Pokal der Pokalsieger 1976 führte und dort Geschichte schrieb: Durch den 4:2-Sieg über West Ham wurde der RSC zum ersten belgischen Klub, der eine europäische Trophäe holte.

Zu diesem Zeitpunkt war Croons Ablösung allerdings schon beschlossene Sache, denn der Holländer galt als verschroben und machte die Aufstellung angeblich von Horoskopen abhängig. (Einige Jahre später schloss sich Croon der Bhagwan-Bewegung an und nannte sich fortan Shunyam Avyakul.) Sein Nachfolger Goethals fand also alle wichtigen Bausteine schon vor. Etwa ein tolles Offensivtrio, das aus dem belgischen Flügelstürmer François Van der Elst und den beiden Holländern Arie Haan und Rob Rensenbrink bestand, die nicht zuletzt aus steuerlichen Gründen lieber in Belgien kickten als in der Heimat. Oder die sich perfekt ergänzenden Mittelfeldspieler Franky Vercauteren und Ludo Coeck. Obwohl Vercauteren den Beinamen „der kleine Prinz" trug, war er ein bulliger Schwerstarbeiter, der dem viel zu früh verstorbenen Spielgestalter Coeck den Rücken freihielt. (Coeck kam, wie übrigens auch Hans Croon, im Jahre 1985 bei einem Autounfall ums Leben.)

Diese kompakte, harmonische Truppe scheiterte in der heimischen Liga oft an der zweiten legendären belgischen Elf jener Jahre, dem von Ernst Happel trainierten FC Brügge. Doch sobald es um Pokale ging, war Anderlecht nahezu unschlagbar. Unter Goethals erreichte der RSC zwei weitere Endspiele um den Cup der Pokalsieger, 1977 gegen Hamburg und 1978 gegen Austria Wien. Letzteres wurde so überzeugend (4:0) gewonnen, dass die Schweizer

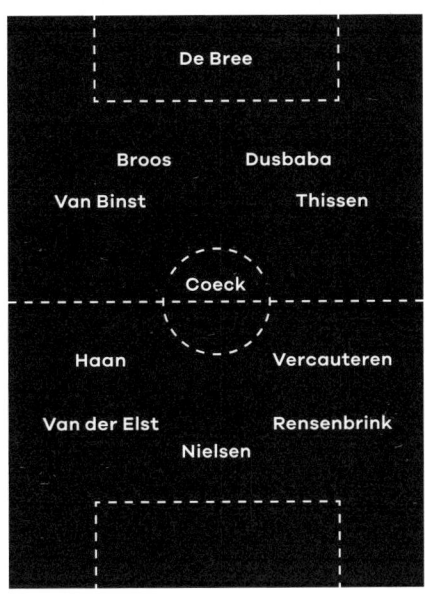

— *Nico de Bree* Der Schlussmann gewann 1975 die Meisterschaft mit Molenbeek und kam zwei Jahre später zum RSC.

— *Gilbert Van Binst* Ging später zum Rivalen Brügge, wo er die Erfolge der Anderlechter Jahre aber nicht wiederholen konnte.

— *Hugo Broos* Wurde Trainer und führte als solcher Anderlecht 2004 zu einem überlegenen Meistertitel.

— *Johnny Dusbaba* Der Verteidiger spielte nur viermal für Holland, weil er sehr lebensfroh und damit auch etwas füllig war.

— *Jean Thissen* Spielte 34-mal für Belgien und stand 1972 im EM-Halbfinale, das 1:2 gegen die DFB-Elf verloren wurde.

— *Arie Haan* Hatte mit Ajax dreimal den Meisterpokal geholt, ehe er zum RSC ging, trainierte später in Stuttgart und Nürnberg.

— *Ludo Coeck* Wurde 1995 (zum 100. Geburtstag des nationalen Verbandes) posthum unter die zehn besten belgischen Fußballer des Jahrhunderts gewählt.

— *Franky Vercauteren* Stand 1986 mit Belgien im WM-Halbfinale, das 0:2 gegen Argentinien verloren ging.

— *François Van der Elst* Der 2017 (mit 62 Jahren) verstorbene Stürmer war 1977 Torschützenkönig in Belgien und stand 1980 im EM-Finale.

— *Benny Nielsen* Der Däne kam schon 1971, da war er 20 Jahre alt, nach Belgien und wurde Meister mit Molenbeek, bevor er zum RSC ging.

— *Rob Rensenbrink* Anderlechts Kapitän traf doppelt im Finale gegen die Austria, wie schon zwei Jahre zuvor gegen West Ham. Der Niederländer stand mit der Nationalelf in zwei WM-Endspielen.

Zeitschrift „Sport" die Elf aus Belgien eine „spektakuläre Maschine" nannte und schrieb, sie sei die „ideale Synthese von Spiel und Kampf, von Technik und Einsatz, von überragenden Solisten und dankbaren Mannschaftsspielern".

Neben diesen Finals spielte das Team auch noch zweimal um den europäischen Supercup, erst gegen die große Bayern-Elf um Franz Beckenbauer, dann gegen den FC Liverpool. In fast allen dieser prestigereichen Duelle blieb Anderlecht siegreich, allein dem HSV gelang es 1977, die Belgier zu schlagen. Und wer weiß schon, wie jenes Finale ausgegangen wäre, wenn Torwart Rudi Kargus nicht in der 24. Minute einen gefährlichen Schuss des (ebenfalls früh verstorbenen) Jean Dockx an den Pfosten gelenkt hätte? Wo wir schon beim Konjunktiv sind: Mit ein wenig Glück hätte der RSC vielleicht sogar noch ein viertes Finale um den Pokalsiegercup in Folge erreicht. Im Wettbewerb 1978/79 scheiterten die Belgier nämlich erst im Elfmeterschießen am späteren Sieger aus Barcelona. Damit endete die erste europäische Ära des Klubs ... und vielleicht verfiel RSC-Präsident Constant Vanden Stock da auf die Idee, dem Glück künftig nachzuhelfen. Doch das – der Bestechungsskandal von 1984 im UEFA-Cup – ist eine andere Geschichte. ———

Mit Marseille gewann Raymond Goethals (hier ausnahmsweise mal ohne Zigarette) 1993 auch noch die Champions League.

PEÑAROL MONTEVIDEO 1982

Text — Uli Hesse

Wie im Märchen: Die Fans eines Vereins sammeln Geld, damit ihr Idol *nach Hause kommen kann.* Und dann schießt der Spieler die Elf im größten Jahr der Klubgeschichte zu drei wichtigen Titeln

Hinten (von links): Victor Diogo, Nelson Gutierrez, Miguel Bossio, Walter Olivera,
Juan Vicente Morales, Gustavo Fernandez; Vorne (von links): Walkir Silva, Mario Saralegui,
Fernando Morena, Jair Goncalves Prates, Venancio Ramos

Oben: Gut 63 000 Menschen sind ins Nationalstadion gekommen, um die besten Teams aus Europa und Südamerika zu sehen.

Unten: Um für Stimmung im Stadion zu sorgen, werden die eigentlich neutralen Zuschauer einem der Klubs zugeteilt.

Der Mann, den buchstäblich die
Fans des Vereins zurück
zu Peñarol holten: Torjäger
Fernando Morena.

Nelson Gutierrez (links) blickt etwas skeptisch, doch Routinier Gustavo Fernandez pflückte im Finale jede englische Flanke herunter.

Alles begann mit einem der emotionalsten Comebacks der Fußballgeschichte. Weil Peñarol sich auf einen Kricketverein beruft, der 1891 im gleichnamigen Viertel von Montevideo gegründet worden war, bereitete der Klub im Frühjahr 1981 die Feiern zu seinem 90. Geburtstag vor. Und kam auf eine irre Idee. Was wäre, wenn man sich selbst das größte Geschenk machte und Fernando Morena nach Hause holte? Peñarols Kultstürmer, der sechsmal in Folge Torschützenkönig in Uruguay gewesen war, spielte inzwischen in Europa für den FC Valencia und litt dem Vernehmen nach unter Heimweh. Peñarol klopfte bei den Spaniern an, doch die riefen eine absurde Ablösesumme auf – über eine Million US-Dollar.

Als die Fans hörten, dass die Rückholaktion am Geld scheitern würde, starteten sie die „Operation Morena" und sammelten innerhalb weniger Monate knapp 500 000 Dollar. Der Spieler selbst verzichtete auf den Großteil seines Gehaltes, und so ging der Wechsel im Sommer doch noch über die Bühne. Als Morena die Massen sah, die ihn am Flug-

hafen empfingen, sagte er: „Wenn ich gewusst hätte, wie sehr sie mich lieben, wäre ich nie gegangen." Anschließend führte er die Elf zu der nach dem Kalenderjahr ausgespielten Meisterschaft 1981. Noch besser wurde es 1982. Am 30. November gewann Peñarol durch ein Tor von Morena in der 89. Minute die Copa Libertadores gegen Cobreloa aus Chile. Wenige Wochen später wurde die nationale Meisterschaft verteidigt. Zum siebten (und letzten) Mal hieß der Torschützenkönig Morena. Aber den größten Tag ihres Sportlerlebens verbrachten die Fußballer in Gelb und Schwarz in jenem Jahr weit, weit entfernt von daheim.

Durch den Erfolg in der Copa Libertadores hatte sich Peñarol das Recht

Fernandez

Diogo Oliveira Gutierrez Morales

Bossio

Saralegui   Jair

Ramos   Silva

Morena

— **Gustavo Fernandez**
Gehörte schon zum Kader Uruguays bei der WM 1974; die Erfolge kamen erst mit dem Wechsel zu Peñarol 1982.

— **Victor Diogo**
Ein Jahr nach dem Triple mit dem Verein holte der Verteidiger im Nationaldress auch noch die Copa America.

— **Walter Oliveira**
Der Kapitän trug Gelb-Schwarz von 1972 bis 1983 und holte sieben Meisterschaften.

— **Nelson Gutierrez**
Gewann auch die argentinische Meisterschaft mit River Plate und spielte drei Jahre in Italiens Serie A.

— **Juan Vicente Morales**
War bis zu einer Knieverletzung so beweglich, dass man ihn „El Lagarto" nannte, die Eidechse.

— **Mario Saralegui**
Stand als Spieler gleich viermal bei Peñarol unter Vertrag – und als Trainer dreimal.

— **Miguel Bossio**
Der Spielmacher lief in Spanien auch noch 198-mal für den FC Valencia auf.

— **Jair Goncalves Prates**
Der Brasilianer war ein Experte für Standards. Sein Freistoß gegen Flamengo brachte Peñarol ins Finale der Copa Libertadores.

— **Venancio Ramos**
Der Angreifer spielte später für den RC Lens und wurde im Januar 1997, mit fast 38 Jahren, noch Vizeweltmeister. Im Beachsoccer.

— **Fernando Morena**
Hätte 1983 auch noch die Copa America mit der Nationalelf geholt, aber im zweiten Gruppenspiel brach ihm ein Gegner das Bein.

— **Walkir Silva**
Stand im Weltpokalfinale für den verletzten Stammspieler Ernesto Vargas auf dem Rasen und erzielte prompt das entscheidende 2:0.

einem Freistoß von Jair aus großer Distanz zu spät im bedrohten Eck. Der Ball prallte an den Innenpfosten und hatte solchen Effet, dass er zwar vor der Linie wieder aufkam, sich dann aber trotzdem ins Netz drehte. Als geborener Mittelstürmer setzte Morena nach, haute das Leder in die Maschen und ließ sich anschließend ausgiebig als Torschütze feiern, doch der Treffer gehörte Jair. Später schimpften die Engländer auf den Ball, der ihrer Meinung nach für den harten Boden ungeeignet gewesen wäre. Dabei kam das Spielgerät von ihrem Ausrüster, der französischen Firma Le Coq Sportif.

Nach diesem Tor kippte das Spiel. Aston Villa, das zuvor einige gute Chancen vergeben hatte, fiel nun nicht mehr ein, als lange Bälle auf den zentralen Stürmer Peter Withe zu spielen, der gegen Manndecker Walter Olivera kein Land sah. In der 68. Minute liefen die Engländer dann auch noch in einen Konter. Der flinke Walkir Silva schien allen Gegnern zu enteilen, darum kam Rimmer aus dem Tor. Im letzten Moment konnte Verteidiger Allan Evans dem Uruguayer das Leder zwar wegspitzeln, doch die Rettungstat überraschte seinen Keeper. Rimmer konnte den Ball nicht festhalten, und Silva schob den Abpraller aus sieben Metern ins leere Tor. Peñarols Triple war perfekt.

Japan war ein gutes Pflaster für Gutierrez. Bei der Junioren-WM 1979 hatte er hier mit Uruguays U20-Nationalelf Platz drei geholt.

erkämpft, um den Weltpokal zu spielen. Zweimal hatte der Klub diese vor allem in Südamerika enorm wichtige Trophäe gewinnen können, aber das war lange her – 1961 und 1966. Damals wurde der Pokal in Hin- und Rückspiel vergeben, nun gab es nur ein einziges Finale, und zwar in Tokio. Am 12. Dezember trafen die Südamerikaner dort auf Aston Villa. Das englische Team hatte sich im Mai den Europacup der Landesmeister gegen Bayern München gesichert, nicht zuletzt dank des jungen Torwarts Nigel Spink, der früh für den verletzten Jimmy Rimmer eingesprungen war. In Tokio stand Villas Stammkeeper wieder im Tor – und sah zweimal unglücklich aus. In der 27. Minute war Rimmer bei

HAMBURGER SV 1983

Text — Andreas Bock

Anfang der Achtziger ist der HSV in der Bundesliga *nahezu unschlagbar.* Zum Europacup-Finale reist er trotzdem als Außenseiter – denn der Gegner ist die beste Mannschaft der Welt

Hinten (von links): Jürgen Groh, Lars Bastrup, Uwe Hain, Michael Schmidt, Uli Stein, Wolfgang Rolff, Ditmar Jakobs; Mitte (von links): Co-Trainer Aleksandar Ristic, Zeugwart Emil Tomescheit, Borisa Djordjevic, Thomas von Heesen, Michael Schröder, Jimmy Hartwig, Horst Hrubesch, Felix Magath, Trainer Ernst Happel
Vorne (von links): Masseur Hermann Rieger, Holger Hieronymus, Allan Hansen, Bernd Wehmeyer, Jürgen Milewski, Dieter Brefort, Ralf Brunnecker, Manfred Kaltz, Zeugwart Willi Meyer

Oben: Holger Hieronymus (hinten)
denkt sich: „Neben den
feinen Juve-Profis wirken wir wie
eine bessere Kneipenelf."

Unten: Wolfgang Rolff nimmt
Michel Platini aus dem Spiel, und
auch Zbigniew Boniek (rechts)
sieht kein Land gegen ihn.

Der Held und der Pott. „Magath
war der härteste Schlag
meiner Karriere", gab Juves Torwart Dino Zoff später zu.

Der Vater und seine Kinder: Happel war der erste Trainer, der mit zwei Klubs den Pokal der Meister gewann (Feyenoord 1970, HSV 1983).

Es läuft die achte Minute im Olympia-stadion von Athen, als Jürgen Groh den Ball auf Felix Magath passt. Magath wird später erzählen, dass er einige Stunden zuvor, während des Mittagsschlafs, plötzlich aufgewacht sei – schweißgebadet vor Angst. Nun aber läuft er selbstbewusst an. Dann schießt er. Halbrechte Position, 18 Meter. Der Ball schlägt im rechten Winkel ein. Dino Zoff, der Torhüter von Juventus Turin, springt nicht mal hoch. Ein Sonntagsschuss am Mittwochabend. Das Siegtor im Europapokalfinale von 1983. Das *Grande Finale* der goldenen HSV-Ära und eine große Überraschung für viele Fußballexperten. Nur nicht für Ernst Happel, denn der hat natürlich einen Plan gehabt.

Der HSV spielt Anfang der Achtziger aufregenden Fußball. Unter Branko Zebec erreicht das Team schon 1980 das Landesmeisterfinale, verliert dort aber gegen Nottingham Forest. 1982 steht der HSV im Endspiel des UEFA-Cups, wieder verliert er, diesmal gegen Göteborg. Ansonsten gewinnt er so ziemlich jedes Spiel. Zwischen Januar 1982 und

Januar 1983 bleiben die Hamburger 36 Bundesligaspiele in Folge ungeschlagen. Der Weg ins europäische Finale von 1983 verläuft ebenso spektakulär unspektakulär. Nur im Halbfinale gegen Real Sociedad müssen die Fans kurz zittern, das entscheidende Tor im Rückspiel fällt erst in der 82. Minute. Außerdem bekommt Mittelfeldmotor Jimmy Hartwig die zweite Gelbe Karte und ist für das Finale gesperrt. Er verlässt weinend den Platz.

In den nächsten Wochen macht die Presse den HSV, trotz dessen Dominanz in der Liga, zum großen Under-dog im Finale. Zu übermächtig scheint das italienische Star-Ensemble. Alleine sechs Juve-Profis (Zoff, Gaetano Scirea, Claudio Gentile, Antonio Cabrini, Mar-

Stein

Hieronymus

Kaltz   **Jakobs**   **Wehmeyer**

Rolff

Groh   **Milewski**

Magath

Bastrup   **Hrubesch**

— *Uli Stein*
Für viele der beste Torhüter der Achtziger – in der Nationalelf durfte er trotzdem nur sechsmal spielen.

— *Bernd Wehmeyer*
Bescheidener linker Verteidiger. Sagte: „Wir hatten eine Achse aus Weltklassespielern, in die ich mich nahtlos einfügte."

— *Holger Hieronymus*
Musste nach einem Foul von Fritz Walter Jr. bereits mit 25 seine Karriere beenden. Wurde später Geschäftsführer der DFL.

— *Ditmar Jakobs*
Halb Mensch, halb Tier – die Nummer Vier. Einer der besten Vorstopper der Welt. Vize-Weltmeister von 1986.

— *Manfred Kaltz*
König der Bananenflanken, Spitzname „Schwätzer". Machte die zweitmeisten Bundesligaspiele (581).

— *Jürgen Groh*
Fels in der Abwehr. Wurde später Postbote in heimischen Heppenheim.

— *Jürgen Milewski*
Einer von sechs Profis, die mit dem HSV schon 1980 im Landesmeister-Finale gestanden hatten – damals als Favorit.

— *Wolfgang Rolff*
Schaute sich vor dem Endspiel gemeinsam mit Happel ein 40-minütiges Best-of von Juventus-Spielmacher Platini an.

— *Felix Magath*
Schütze des goldenen Tores in der 8. Minute. Später sagte er: „Ich dachte: Verdammt, das ist viel zu früh."

— *Lars Bastrup*
Der beste HSV-Torschütze im Europapokal 1982/83. Im Finale musste er nach einer Tätlichkeit mit Kieferbruch ins Krankenhaus. Zur Feier kam er mit einem Metallgestell im Mund – er schlürfte sein Bier durch einen Strohlhalm.

— *Horst Hrubesch*
„Manni Flanke, ich Kopf, Tor." Ist mit 96 Toren (in 159 Spielen) der drittbeste HSV-Stürmer aller Zeiten.

winkt er Wolfgang Rolff zu sich. „Traust du dir den Platini zu?" Rolff nickt. „Klar."

Am Tag des Spiels inspizieren die Hamburger Profis in Trainingsanzügen den Rasen des Stadions, die Turiner schlendern in edlen Zweireihern über den Platz. „Die sind sich zu sicher", sagt Happel in der Kabine. „Nutzt das aus!" Wenige Minuten später zieht Magath ab. Je länger das Spiel danach dauert, desto verzweifelter rennt Juve an. Aber kaum ein Anspiel kommt an, und Uli Stein macht sein Versprechen wahr, das er in der Kabine gegeben hat: „Ihr müsst nur ein Tor schießen, ich halte jeden Ball." Nach 56 Minuten hat Gentile die Schnauze voll. Er streckt Lars Bastrup mit einem Faustschlag nieder. Der HSV-Stürmer muss benommen vom Platz. Platini, der gegen Rolff keinen Stich sieht, sagt später: „Ich wäre am liebsten auch nach einer Stunde runtergegangen."

Die Party geht bis tief in die Nacht, trotzdem macht der HSV, fast im Vorbeigehen, ein paar Tage später noch die Meisterschaft klar. Mit 5:0 schießen die verkaterten Hamburger Borussia Dortmund ab. In Hamburg erinnert man sich wehmütig an diese glorreiche Zeit – und in Italien prangen immer noch Graffiti an Hauswänden: „*Magath Eroe*", Held Magath. Zumindest für Tifosi in Rom, Mailand oder Neapel. ——————

Trainer Ernst Happel sagte mal: „In der ersten Halbzeit in Athen habe ich gedacht: Es gibt nichts Schöneres." Nicht mal Rauchen?

co Tardelli, Paolo Rossi) haben 1982 mit Italien den WM-Titel geholt, dazu gesellt sich mit Michel Platini und Zbigniew Boniek das beste Mittelfeld der Welt. Nur HSV-Coach Happel grantelt: „Ich sehe uns nicht als Außenseiter." Eine Sache bereitet ihm allerdings Kopfzerbrechen: Wer soll Hartwig ersetzen? „Diesen dynamischen Mann hätte ich gut als Sonderbewacher für Platini gebrauchen können", sagt der Coach in einem Interview mit dem „Hamburger Abendblatt". Wenige Tage vor dem Finale zeigt Happel seiner Elf Videos von den bisherigen Partien der Italiener. Er diskutiert mit seinen Führungsspielern, ob sie Mann- oder Raumdeckung spielen sollen, und als die Profis den Raum verlassen,

TSCHECHOSLOWAKEI 1976

Text — Uli Hesse

Nur eine Mannschaft weiß, wie es ist, *gegen Deutschland ein Elfmeterschießen zu gewinnen.* Dabei erfuhren die Spieler der damaligen CSSR erst kurz vor dem EM-Finale von dieser Möglichkeit

Hinten (von links): Zdenek Nehoda, Arzt Miloslav Kundrat, Ladislav Jurkemik, Jozef Capkovic, Pavol Michalik, Alexander Vencel, Ivo Viktor, Co-Trainer Jozef Venglos, Dusan Galis, Trainer Vaclav Jezek, Jaroslav Pollak, Pavol Biros, Masseur Vlastimil Ruzicka; Mitte (von links): Frantisek Stambachr, Frantisek Vesely; Vorne (von links): Dusan Herda, Karol Dobias, Koloman Gögh, Anton Ondrus, Jan Pivarnik, Antonin Panenka, Marian Masny, Jan Svehlik, Jozef Moder

Oben: Franz Beckenbauer
freut sich auf sein 100. Länderspiel,
doch jubeln wird am Ende
sein Gegenüber Anton Ondrus.

Unten: Die Geburt eines Wortes.
Seit diesem Moment ist ein in die Mitte
gelupfter Elfmeter in vielen
Ländern als „Panenka" bekannt.

Wer sich das Siegerfoto der CSSR nach dem Elfmeterschießen im Endspiel der EM 1976 genau ansieht, der stößt auf ein Rätsel. Man sieht dort auch alle Ersatzspieler und Betreuer des Finaltages. Im rechten Teil des Bildes steht ein Mann mit schütterem Haar und Schnäuzer, der sich gerade zu Trainer Vaclav Jezek umdreht, als der Fotograf auf den Auslöser drückt. Es handelt sich um Stürmer Jaroslav Pollak. Er war im Halbfinale gegen die Niederlande nach einem rüden Foul an Johan Neeskens vom Platz gestellt und für eine Partie gesperrt worden. Was macht er auf diesem Bild? Warum sollte Jezek jemanden fürs Endspiel gegen die DFB-Auswahl nominieren, den er gar nicht einsetzen durfte?

Die Antwort ist so simpel wie verblüffend. Als Jezek seine Mannschaft fürs Finale benennen musste, wusste er noch nicht, dass es ein Elfmeterschießen überhaupt geben konnte. Die Turnierregeln sahen nämlich vor, dass nur die beiden Halbfinals (und das Spiel um Platz drei) auf diese Weise entschieden werden sollten. Einen Titel aber wollte die UEFA nicht durch Strafstöße vergeben sehen. Bei einem Unentschieden nach Verlängerung sollte das Finale drei Tage später wiederholt werden. Und in dieser zweiten Begegnung wäre Pollak wieder spielberechtigt gewesen. Jezek pokerte also ein wenig und ging, indem er einen Platz im Kader sozusagen frei ließ, ein Risiko ein, das gar nicht nötig gewesen wäre. Denn nur Stunden vor dem Anpfiff drängte ausgerechnet der DFB auf eine Änderung des Reglements! Der Grund war zum einen das geringe Zuschauerinteresse – das riesige Stadion in Belgrad war kaum zur Hälfte gefüllt, weil die heimischen Fans enttäuscht waren, nachdem ihr Team das Halbfinale gegen die Bundesrepublik verloren hatte. Zum anderen machte der Terminplan dem DFB Sorgen, denn am 26. Juni – nur vier Tage nach einem möglichen Wiederholungsspiel – stand das Pokalfinale zwischen dem HSV und Kaiserslautern auf dem Programm. So stellte man einen Eilantrag bei der UEFA, dem die CSSR zustimmte. Nur deshalb landeten Uli Hoeneß und Antonin Panenka in den Geschichtsbüchern. Der eine wegen seines Fehlschusses in den Nachthimmel, der andere wegen jenes dreisten Lupfers in die Mitte des Tores, der seither nach ihm benannt ist.

Ein Zufallseuropameister waren die Tschechen und Slowaken dennoch nicht. Als sie im Juni zur EM-Endrunde nach Jugoslawien reisten, waren sie seit 19 Monaten ungeschlagen. Das Team hatte

— **Ivo Viktor**
Der Preis für den besten tschechischen Torwart einer Saison ist nach dem Mann benannt, der selbst fünfmal „Fußballer des Jahres" war.

— **Jan Pivarnik**
Der schnelle Verteidiger sah später viel von der Welt, er spielte in Österreich und Spanien, trainierte in Kuwait und Oman.

— **Anton Ondrus**
Im Halbfinale köpfte der Libero und Kapitän das 1:0, bevor ihm ein Eigentor unterlief.

— **Koloman Gögh**
Ging als Spielertrainer nach Österreich und starb mit 47 Jahren auf der Heimreise nach einem Spiel durch einen Autounfall.

— **Jozef Capkovic**
Hatte mit Slovan Bratislava 1969 den Pokal der Pokalsieger gegen Barcelona geholt.

— **Karol Dobias**
Der Defensivspezialist war für seine Vorstöße gefürchtet und traf im Finale zum 2:0.

— **Antonin Panenka**
Wurde vom EM-Helden zur Rapid-Legende, denn er ging 1981 nach Wien und holte dort fünf Titel.

— **Jozef Moder**
Schoss nur drei Tore für sein Land, aber das Timing war ideal: Alle Treffer gelangen ihm nämlich im EM-Viertelfinale gegen die UdSSR (2:0, 2:2).

— **Marian Masny**
Auch der Flügelflitzer ging nach seinem 30. Geburtstag nach Österreich, doch wegen eines kaputten Knies kam er schon bald zurück in die Heimat.

— **Jan Svehlik**
Spielte im Finale nur, weil Jaroslav Pollak gegen Holland vom Platz gestellt worden war. Prompt erzielte er das frühe 1:0.

— **Zdenek Nehoda**
War zweimal „Fußballer des Jahres" in seinem Heimatland, das er mit 30 verlassen durfte, um in Darmstadt noch ein paar Devisen zu verdienen.

sich in der Qualifikation gegen Portugal und England durchgesetzt, dann auch noch die UdSSR besiegt. Trotzdem galt es als Außenseiter. Das lag aber nur an den glänzend besetzten Gegnern, die beim Turnier warteten. Da war natürlich der amtierende Welt- und Europameister Westdeutschland, vor allem aber eine holländische Mannschaft um Johan Cruyff, die mancher für die beste Elftal aller Zeiten hielt. Diese Experten mussten ihr Urteil allerdings rasch revidieren, denn im Halbfinale wurde Holland von der CSSR entzaubert. Die Unterlegenen machten die Umstände – Dauerregen und eine harte Gangart beider Teams – verantwortlich, doch kaum ein Beobachter zweifelte daran, dass die bessere Elf verdient gewonnen hatte. Und die Tschechoslowakei rettete ihre Form auch noch in ein Finale gegen die DFB-Auswahl, das nichts für schwache Nerven war. Ausgerechnet Torwart Ivo Viktor, der nach der Partie zurecht als bester Spieler des Turniers ausgezeichnet wurde, griff in der letzten Minute bei einem Eckball daneben und ermöglichte Bernd Hölzenbein so den 2:2-Ausgleich. Ohne den einzigen Fehler des so guten Keepers hätte die CSSR schon nach der regulären Spielzeit als Sieger festgestanden. Im Nachhinein wäre Hoeneß wohl nicht traurig darüber gewesen. ⎯

Vaclav Jezek übernahm 1972 die Nationalelf und bildete mit seinem Assistenten Dr. Jozef Venglos ein geniales Trainergespann.

DDR 1976

Text — Tim Jürgens

Die DDR war nur weltklasse, wenn es um nichts ging? Irrtum! Bei Olympia in Montreal ließen „Dixie" Dörner & Co auch Topteams aus ihren sozialistischen *Bruderstaaten keine Chance*

Delegation aus dem Arbeiter- und Bauernstaat. Hinten (von links): Co-Trainer Werner Walther, Gerd Kische, Hans-Jürgen Dörner, Hans-Jürgen Riediger, Bernd Bransch, Wilfried Gröbner, Hartmut Schade, Gerd Weber, Rüdiger Schnuphase, Trainer Georg Buschner; Mitte (von links): Peter Kotte, Martin Hoffmann, Jürgen Croy, Hans-Ulrich Grapenthin, Wolfram Löwe, Konrad Weise; Vorne (von links): Dieter Riedel, Reinhard Häfner, Lothar Kurbjuweit, Reinhard Lauck, Gert Heidler.

Oben: Der 3:1-Sieg über Polen im
Finale bei Olympia ist der
einzige Titel einer DDR-Nationalelf
in der Geschichte.

Unten: Die Goldjungs im Schein-
werferlicht bei der Siegerehrung im Olympiastadion
von Montreal 1976.

In der Fußballgeschichte wird die DDR gern als ein Dreamteam im Wettbewerb um die Goldene Ananas beschrieben. Immer, so die kolportierte Meinung, wenn es wirklich um etwas ging, fehlte der Elf aus dem Arbeiter- und Bauernstaat der Glaube an die eigene Stärke. Doch diese Sicht unterschlägt schmählich den Triumph der DDR bei den Olympischen Spielen in Montreal 1976.

Schon vier Jahre zuvor in München hatte sich eine Elf aus hochversierten Staatsamateuren die Bronzemedaille erkämpft – und auf dem Weg dorthin die BRD (mit Uli Hoeneß und Ottmar Hitzfeld) mit 3:2 besiegt. Nach dem in jeder Hinsicht beachtlichen Auftritt bei der WM 1974 waren die Erwartungen der politischen Führung vor dem olympischen Turnier in Kanada hoch.

Cheftrainer Georg Buschner gönnte sich den Luxus, mit Joachim Streich, Hans-Jürgen Kreische, Eberhard Vogel und Jürgen Sparwasser gleich vier der fünf erfolgreichsten Oberligatorschützen zu Hause zu lassen. Nur BFC-Torjäger Hans-Jürgen Riediger fuhr mit nach Montreal, was die Gerüchteküche anfachte, Stasi-Boss Erich Mielke hätte Einfluss auf die Nominierung genommen. Entsprechend torarm startete die DDR ins Turnier: Nach dem 0:0 im Auftaktspiel gegen die Nachwuchself Brasiliens schäumte Manfred Ewald, Präsident des Deutschen Turn- und Sportbundes, die Mannschaft sei „eine Schande für das Land". Für den Funktionär war Olympia die Plattform, um den Sozialismus als vorherrschende Staatsform vor der Welt zu präsentieren. Was sich am besten über eine Medaillenflut darstellen ließ. Nun aber fürchtete Ewald, es könne sich die Schmach wiederholen, die sich im Juni 1975 bei der EM-Quali ereignet hatte, als die DDR in Island mit 1:2 unterlag.

Doch Ewalds Donnerwetter zeigte Wirkung. Libero „Dixie" Dörner wuchs in den Folgespielen über sich hinaus. Gegen Spanien konnten ihn auch vier Gegner nicht stoppen, als er kurz nach der Pause zum Siegtreffer nach vorne eilte. Als Hartmut Schade in der 76. Minute von Buschner zur Absicherung des Spielstands aufs Feld geschickt wurde, flüsterte ihm der Trainer bibbernd ins Ohr: „Hartmut, nun nicht Fußball spielen, sondern treten, treten, treten." Was Schade sich nicht zweimal sagen ließ.

Ab da war der sozialistische Diesel auf Betriebstemperatur: In Ottawa wurde eine französische Elf um den jungen Michel Platini mit 4:0 gedemütigt. Zwei Elfmetertore: Dörner. Die „Equipe Tricolor" hatte sich in der 60. Minute selbst

geschwächt, als zwei Spieler ob der Strafstoßentscheidung derart wütend protestierten, dass sie vom Platz flogen. Im Halbfinale traf die DDR auf das Team der Sowjetunion, das anders als die Mannschaften aus dem Westen, die nur mit Amateuren zu Olympia reisten, Topstars wie Oleg Blochin in seinen Reihen hatte. Gnade kannte die DDR auch mit dem sozialistischen Bruderstaat nicht. Beide Tore beim 2:0-Sieg erzielten Abwehrspieler: Dörner und Lothar Kurbjuweit.

Im Finale am 31. Juli 1976 traf die Elf vor 72 000 Zuschauern schließlich auf den WM-Dritten Polen, der in Bestbesetzung auflief: mit Regisseur Deyna und WM-Schützenkönig Lato. Doch es dauerte nur sieben Minuten, bis Hartmut Schade die DDR auf die Siegerstraße brachte. Am Ende holte das Team durch einen nie ernsthaft gefährdeten 3:1-Sieg Gold – den einzigen Titel einer DDR-Nationalelf in der Geschichte des Landes.

Manfred Ewald, der gerade noch gedroht hatte, alle Spieler vorzeitig zurück in die Heimat zu schicken, drückte nun zur Anerkennung jedem Akteur den Vaterländischen Verdienstorden und ein Kuvert mit hundert Dollar in die Hand. Es war die letzte Gelegenheit: Denn nach Montreal sollte sich nie wieder eine DDR-Auswahl für ein großes Fußballturnier qualifizieren können. ▬

— Jürgen Croy
Der 95-fache Nationalkeeper aus Zwickau wurde nach Olympia zum „DDR-Fußballer des Jahres 1976" gewählt.

— Gerd Kische
Fehlte 1972 wegen Zehbruchs, 1976 als Rechtsverteidiger gesetzt.

— Dixie Dörner
Der „Beckenbauer des Ostens" ebnete mit seinen Toren gegen Spanien, Frankreich und die UdSSR den Weg ins Finale. Überragender Mann im Team.

— Konrad Weise
Jenas Libero hielt hinten cool den Laden zusammen.

— Lothar Kurbjuweit
Der Verteidiger holte 1972 in München Bronze, besiegte 1974 die BRD und wies der DDR 1976 mit seinem Tor gegen die UdSSR den Weg ins Finale.

— Reinhard Häfner
Kam in allen Partien in Kanada zum Einsatz. Sein Tor zum 3:1 im Finale sicherte den Sieg.

— Reinhard Lauck
„Mäcki" war ab 1973 bis 1977 im Mittelfeld eine feste Größe. Erlag mit nur 51 Jahren dem Alkohol.

— Hartmut Schade
Spielte sich erst im Turnierverlauf als Abräumer im Rückraum ins Team. Und brachte die DDR im Finale mit seinem 1:0-Treffer auf die Siegerstraße.

— Wolfram Löwe
War schon bei der WM 1974 dabei. Als Rechtsaußen im gesamten Olympia-Turnier 1976 in der Stammelf.

— Hans-Jürgen Riediger
Dem Goalgetter des BFC (105 Tore in 193 Spielen) gelang in Kanada lediglich der vierte Treffer gegen dezimierte Franzosen.

— Martin Hoffmann
Der 1,68 Meter kleine Außenstürmer spielte schon mit 18 in der Nationalelf, mit 19 bei der WM 1974 und erzielte mit 21 das vorentscheidende 2:0 im Olympiafinale gegen Polen.

Nicht spielen, sondern treten:
Georg Buschner impfte der
Elf ab 1970 in elf Jahren als Auswahltrainer das Sieger-Gen ein.

SSG 09 BERGISCH GLADBACH 1981

Text — Jens Kirschneck

Deutscher Meister,
Pokalsieger
und *dann noch
Weltmeister*: Dieses
Jahr war selbst
für das notorisch
erfolgsverwöhnte
Team aus Bergisch
Gladbach ein
ganz besonderes

Hinten (von links): Ulrike Manewal, Gaby Dlugi, Spielertrainerin Anne Trabant-Haarbach, Monika Degwitz, Doris Kresimon, Brigitte Klinz, Erika Neuenfeldt, Gitta Schmoll, Loni Winkel; Vorne (von links): Ingrid Gebauer, Bettina Krug, Bärbel Domhoff, Hannelore Geilen, Andrea Haberlaß, Angelika Budny, Manuela Kozany

Da standen sie nun, und konnten nicht fassen, wie ihnen geschah. Neun Frauen im fortgeschrittenen Alter nahmen im Frühjahr 2020 die Huldigungen des Filmpublikums für etwas entgegen, das vor Jahrzehnten passiert war. Der donnernde Applaus und die stehenden Ovationen verfehlten nicht ihre Wirkung, mancher Veteranin wurden die Augen feucht. Ist aber auch kein Wunder, wenn plötzlich die geballte Liebe der Leute über einen hereinbricht für etwas, das früher Hohn und Spott, wenn nicht Feindseligkeit provoziert hat.

Der Dokumentarfilm „Das Wunder von Taipeh" erzählt ein vergessenes Kapitel deutscher Fußballgeschichte. 1981, acht Jahre bevor das offizielle deutsche

Die SSG gewinnt das erste DFB-Pokalfinale der Frauen, und 35 000 Menschen im Stuttgarter Neckarstadion jubeln (teilweise) mit.

Frauen-Nationalteam erstmals die Europameisterschaft gewann, fuhren die Spielerinnen der SSG 09 Bergisch Gladbach unter abenteuerlichen Umständen zu einem inoffiziellen Nationenturnier nach Taiwan und kehrten tatsächlich als „Weltmeisterinnen" nach Hause zurück.

Aber wie kann es sein, dass diese großartige Geschichte so lange im Ver-

borgenen geschlummert hat? „Der DFB hat ja auch alles Mögliche unternommen, um sie zu verschweigen", sagt Anne Trabant-Haarbach mit diesem unnachahmlichen, abgeklärt-ironischen Blick, den ihr so leicht keiner nachmacht: *Was willst du machen? Männer halt.* Die heute 72-Jährige war die Spielertrainerin der Mannschaft aus Bergisch Gladbach und wohl die erste Frau in Deutschland, die Fußball unter professionellen Aspekten betrachtet hat. Allein ihr Lebensweg zeigt, welchen absurden Restriktionen der Frauenfußball hierzulande in seiner Entwicklung ausgesetzt war. Angefixt vom 1954er WM-Sieg der Männer träumte sie schon als Kind von einer Karriere als Nationalspielerin. Leider gab

Geilen

Winkel

Neuenfeldt   Krug   Dlugi

Degwitz   Klinz

Trabant-Haarbach

Schmoll   Gebauer

Kresimon

— **Hannelore Geilen**
Die Torhüterin hatte wegen der Überlegenheit der SSG nicht immer viel zu tun. Das änderte sich in Taiwan.

— **Erika Neuenfeldt**
Wurde 1975 vom Bonner SC abgeworben und blieb elf Jahre.

— **Loni Winkel**
Mit Mitte dreißig die Teamseniorin, gewann sie mit Bergisch Gladbach bis 1983 sechs Meisterschaften. Verstarb 2006.

— **Bettina Krug**
Eine von denen, die 1982 beim ersten echten Länderspiel gegen die Schweiz dabei waren.

— **Gaby Dlugi**
Die erfahrene Abwehrspielerin bestritt nach der Gründung der offiziellen Nationalelf 1982 noch acht Länderspiele. 2014 ist sie verstorben.

— **Monika Degwitz**
1981 stand die Mittelfeldspielerin noch am Anfang ihrer Karriere. Später bestritt sie 22 Länderspiele.

— **Anne Trabant-Haarbach**
Als der DFB 1982 die Nationalelf aus der Taufe hob, sollte Trabant-Haarbach bezeichnenderweise nur Co-Trainerin werden. Auch so bleibt sie eine der großen Pionierinnen des Frauenfußballs.

— **Brigitte Klinz**
Obwohl erst 19 Jahre alt, war sie schon ein paar Jahre dabei. Debüt mit 14, erster Meistertitel mit 15.

— **Gitta Schmoll**
Eine Allrounderin der besonderen Art: Ihre ersten beiden Meisterschaften gewann sie als Torhüterin, erst dann wechselte sie ins Feld.

— **Doris Kresimon**
Die geborene Torjägerin traf und traf und traf. Allein dreimal im Pokalendspiel 1981.

— **Ingrid Gebauer**
Die heutige Ingrid Nandzik stürmte zehn Jahre für die SSG und hat ihr Talent vererbt: Ihr Sohn Alexander spielte etwa für Jahn Regensburg.

es weder ein Nationalteam der Frauen noch war es den Frauen überhaupt gestattet, unter dem Dach des DFB Fußball zu spielen. Dieses 1955 verhängte Verbot wurde erst 1970 aufgehoben und allmählich ein Ligensystem etabliert, in dem die umtriebige Trabant-Haarbach zunächst mit dem TuS Wörrstadt und dann mit dem Bonner SC Deutscher Meister wurde, bevor sie 1976 als Spielertrainerin bei der SSG Bergisch Gladbach landete und Titel in Serie sammelte.

1981 war ohnehin schon das erfolgreichste Jahr dieser Mannschaft. Im Mai gewann sie das erste DFB-Pokalfinale der Frauen, mit 5:0 gegen den TuS Wörrstadt im Stuttgarter Neckarstadion, im Juni ihre vierte Deutsche Meisterschaft in

den letzten fünf Jahren. Und dann wartete noch ein Erlebnis der besonderen Art.

Eine nationale Auswahl gab es zu dieser Zeit noch nicht, was ein wenig peinlich war, als der DFB die Einladung zum Turnier in Taiwan erhielt. In seiner Not wandte sich der Verband an seinen erfolgreichsten Klub und stieß dort auf offene Ohren. Allerdings musste die SSG den Trip selbst bezahlen; einen Teil der Kosten erwirtschafteten die Spielerinnen, indem sie Autogrammstunden gaben oder in der Stadt Waffeln verkauften. So konnten sie im Oktober 1981 in das Abenteuer ihres Lebens starten. Während die Fußballerinnen daheim nur sehr milde Unterstützung gewohnt waren, rasteten die Leute in Asien völlig aus. Das war allerdings auch nötig bei einem Spielplan, der unglaubliche neun Begegnungen in elf Tagen vorsah, weshalb die Frauen bei schwül-heißem Klima an die Grenze ihrer Leistungsfähigkeit stießen. Doch nach holprigem Start kam „Team Germany" ins Rollen und feierte zum Teil deutliche Siege über die Vertreter Thailands, Neuseelands, Norwegens oder der Schweiz. Nach einem 4:0 gegen Zwart-Wit '28 aus Rotterdam (auch die Niederlande schickten eine Vereinself) hatte die Truppe das Ding tatsächlich gewonnen. Weltmeisterinnen! Nur dass es damals noch nicht so hieß. —

Hier lang! Anne Trabant-Haarbach lässt professionell trainieren und macht die Frauen aus Bergisch Gladbach zu Seriensiegerinnen.

GRIECHENLAND 2004

Text — Uli Hesse

Ja, Otto Rehhagel und den Hellenen gelang *die wohl größte Sensation der jüngeren Fußballgeschichte.* Was aber nicht heißen soll, dass ihr Erfolg ein reiner Zufall war

Hinten (von links): Traianos Dellas, Angelos Charisteas, Panagiotis Fyssas, Konstantinos Katsouranis, Mihalis Kapsis, Antonios Nikopolidis; Vorne (von links): Stylianos Giannakopoulos, Zisis Vryzas, Georgios Seitaridis, Angelos Basinas, Theodoros Zagorakis

Oben: Ein Pfiff von Markus Merk beendet das Turnier und fügt der griechischen Mythologie ein ganz neues Kapitel hinzu.

Unten: Portugals Ikone Eusebio (links neben Kapitän Zagorakis mit dem Pokal) dürfte einen anderen Ausgang erwartet haben.

Die EM 2004 war erst vier Tage alt, da bekam Demis Nikolaidis schon so eine Ahnung. Wegen vieler Verletzungen hatte der Stürmer seine Karriere im Alter von 31 Jahren beendet und vor kaum zwei Wochen das Präsidentenamt bei AEK Athen übernommen. Trotzdem berief Griechenlands Nationaltrainer Otto Rehhagel den Pensionär nicht bloß in den EM-Kader, sondern wechselte ihn auch in den ersten beiden Gruppenspielen ein. So konnte Nikolaidis den sensationellen 2:1-Erfolg über den Gastgeber Portugal und das 1:1 gegen den Mitfavoriten Spanien aus nächster Nähe verfolgen. Nach dem Ende dieses zweiten Spiels diktierte er den Reportern in die Notizblöcke: „Man hat 1992 gesehen, was bei einem solchen Turnier möglich ist. Damals waren die Dänen nicht die beste Mannschaft. Und sie waren sicher nicht besser besetzt als wir heute."

Drei Wochen später mussten viele Menschen an seine ersten beiden Sätze zurückdenken. Als Angelos Charisteas von Werder Bremen in der 57. Minute des Endspiels einen Eckball ins Netz köpfte und damit Portugals goldene Generation um Luis Figo, Deco, Maniche oder Cristiano Ronaldo zum zweiten Mal im Turnierverlauf besiegte, war die größte Sensation des internationalen Fußballs seit eben jenen Dänen von 1992 komplett. Eigentlich hätte die ganze Welt erst anderthalb Monate später auf Griechenland blicken sollen, wegen der Olympischen Spiele, die an ihren Ursprungsort zurückkehrten. Doch nun widmete sich selbst die „New York Times" dem Fußballtrainer Rehhagel und seinem Team, ernannte sie alle zu „neuen Mitgliedern im Pantheon der griechischen Helden" und schrieb: „Spieler, die außerhalb ihres Heimatlandes weitgehend unbekannt sind, haben es tatsächlich geschafft, den Olymp zu besteigen." Wie gesagt, es war ein Fußballmärchen wie das der Dänen 1992.

Oder vielleicht doch nicht? Ja, man hatte wieder einmal erlebt, was bei einem Turnier möglich ist, wieder mal gesehen, dass nicht die beste Mannschaft gewinnen muss. So hatte Rehhagel selbst vor den K.-o.-Runden erklärt, er rechne sich Chancen aus gegen England, aber nicht gegen Titelverteidiger Frankreich um Zinédine Zidane und Thierry Henry, den er als „beste Mannschaft dieser Euro" bezeichnete. Und dann warfen seine Spieler genau diese Elf im Viertelfinale aus dem Turnier. Und zwar nicht glücklich oder gar unverdient. Die Griechen waren zwar so defensiv eingestellt, wie es der Rehhagel-Mythos will, aber sie

— **Antonios Nikolaidis**
Lief 90-mal für sein Land auf und ist damit Rekordtorhüter der griechischen Nationalelf.

— **Georgios Seitaridis**
Blieb nach der EM in Portugal und schloss sich dem FC Porto an, mit dem er den Weltpokal gewann.

— **Michalis Kapsis**
Wechselte im Sommer 2004 nach Frankreich und spielte für Girondins Bordeaux.

— **Traianos Dellas**
Rehhagel nannte seinen fast zwei Meter großen Libero gerne „Koloss von Rhodos".

— **Panagiotis Fyssas**
Wurde mit Benfica portugiesischer Meister 2005 und holte 2006 den schottischen Pokal mit Heart of Midlothian.

— **Theodoros Zagorakis**
Wurde von der UEFA zum „Spieler des Turniers" ernannt und ging zum FC Bologna.

— **Konstantinos Katsouranis**
Beendete seine Karriere 2015 mit einem Spiel für den australischen (!) Klub Heidelberg United.

— **Angelos Basinas**
Spielte später noch in Spanien, England und Frankreich, jeweils mit eher mäßigem Erfolg.

— **Angelos Charisteas**
Nach dem Double mit Werder holte der Stürmer auch noch den holländischen Pokal (mit Ajax) und stand bei Schalke unter Vetrag, als sich S04 den DFB-Pokal 2011 sicherte.

— **Zisis Vryzas**
Machte 2013 als Präsident von PAOK Saloniki Huub Stevens zum Trainer. Und entließ ihn neun Monate später wieder.

— **Stelios Giannakopoulos**
Griechenlands „Fußballer des Jahres 2003" trug in England seinen Vornamen auf dem Trikot, weil das praktischer war.

hatten die besseren Chancen und wirkten flinker, frischer als die Franzosen. (Deren Kader einen höheren Altersdurchschnitt hatte, so viel zum anderen Rehhagel-Mythos.)

Was die Frage aufwirft, wie gut diese Griechen wirklich waren. Hatte Nikolaidis zum Beispiel auch mit seinem dritten Satz recht? Waren sie besser besetzt als die Dänen, die doch 1992 mit Peter Schmeichel oder Brian Laudrup aufliefen? Es lassen sich Argumente dafür finden. Nikolaidis selbst hatte bis zu seiner Verletzung bei Atletico Madrid für Furore gesorgt. Charisteas war gerade Meister und Pokalsieger in Deutschland geworden, Verteidiger Panagiotis Fyssas hatte mit Benfica den portugiesischen Cup geholt, Stelios Giannakopoulos stand im Februar 2004 mit den Bolton Wanderers im Finale um den Ligapokal in England. Libero Traianos Dellas verdiente sein Geld bei der AS Rom, Mittelfeldspieler Giorgos Karagounis bei Inter. Kapitän Theodoros Zagorakis hatte für Leicester City gespielt, und Stoßstürmer Zisis Vryzas stand vor einem Wechsel vom AC Florenz zu Celta Vigo. Nein, liebe „Times", man konnte nicht sagen, dass diese Spieler „außerhalb ihres Heimatlandes weitgehend unbekannt" waren. Aber das mit dem Pantheon und dem Olymp, das stimmte.

Sechs Monate nach dem Sieg von Lissabon wurde Otto Rehhagel als erster Ausländer zum „Griechen des Jahres" gewählt.

DEUTSCHLAND 2006

Text — Tim Jürgens

Die WM im eigenen Land drohte zum Fiasko zu werden. Dann aber versetzte die junge *Klinsmann-Elf* das Land in kollektive Euphorie und trat einen nie dagewesenen Fußballboom los

Hinten (von links): Miroslav Klose, Christoph Metzelder, Jens Lehmann, Arne Friedrich, Per Mertesacker, Michael Ballack
Vorne (von links): Bernd Schneider, Torsten Frings, Philipp Lahm, Lukas Podolski, Bastian Schweinsteiger

Einen Großen besiegt: Im Viertelfinale
gegen Argentinien gewinnt
Deutschland dank eines Zettels im
Socken von Jens Lehmann.

Oben: „Capitano" Michael Ballack,
der stets knapp am ganz
großen Titel vorbeischrammte, ist
2006 im Zenit des Schaffens.

Unten: Ende des Sommermärchens.
Im Halbfinale unterliegt die
DFB-Elf Italien in den letzten Minuten
der Verlängerung.

Oben: Obwohl Klinsmann Stamm-keeper Oliver Kahn vor der WM degradiert, nimmt er als Nummer zwei am Turnier teil.

Unten: Nach dem 3:1-Sieg über Portugal im Spiel um Platz drei verabschiedet sich die Elf vom Stuttgarter Publikum.

Als die deutsche Elf im März 2006 in Florenz gegen Italien mit 1:4 unter die Räder kommt, schrillen in der Zentrale des DFB die Alarmglocken. WM-OK-Chef Wolfgang Niersbach, Präsident Theo Zwanziger, Generalsekretär Horst R. Schmidt und Franz Beckenbauer beraten über die kurzfristige Abberufung von Jürgen Klinsmann. Der blonde Schwabe hat in zwei Jahren als Bundestrainer den Großverband mächtig unter Dampf gesetzt. Er hat den Stab der Nationalelf komplett erneuert, Veteranen wie Sepp Maier entlassen, Oliver Bierhoff als Teammanger installiert und neue Fitnessmethoden aus seiner Wahlheimat Kalifornien mitgebracht. Dennoch präsentiert sich seine Mannschaft drei Monate vor Beginn der WM im eigenen Land beim Testspiel in Florenz in desolater Form. Doch Klinsmann ist von seinem Weg überzeugt, er geht in die Gegenoffensive und fordert die Öffentlichkeit auf, sein Team positiver zu begleiten. Schließlich sei es sein Ziel, Weltmeister zu werden. Wie aber soll das möglich sein, angesichts so schauriger Vorstellungen, fragen sich die Funktionäre? Und ersinnen den Plan, Klinsmann durch Matthias Sammer zu ersetzen.

Doch dann kommt alles ganz anders: Die DFB-Elf erreicht beim Turnier das Halbfinale, trifft dort erneut auf Italien und scheidet durch zwei Treffer kurz vor Ablauf der Verlängerung unglücklich aus. Auf ihrem Weg dahin hat sie das ganze Land in einen fröhlichen Taumel versetzt, der lange nachwirken wird. Bis kurz vor Beginn der Endrunde – am Ende eines regnerischen Frühlings – befürchten große Teile der Bevölkerung, die DFB-Elf könne schon in der Vorrunde straucheln. Doch am Tag des Eröffnungsspiels gegen Costa Rica in München reißt der Himmel auf – und Fußballdeutschland erstrahlt in ganz neuem Glanz. Schon nach sechs Minuten befreit Außenverteidiger Philipp Lahm mit einem Traumschlenzer die Fans von allen düsteren Gedanken – und stellt die Weichen für den 4:2-Auftaktsieg. Das zweite Vorrundenspiel gegen Polen wird zur Nervenprobe. Bis in die Schlussphase steht die Partie auf Messers Schneide. Klinsmann wechselt David Odonkor ein, bei dem sich viele fragen, warum er nominiert wurde. Für Überraschungsmomente, hat der Bundestrainer gesagt. Und genau den liefert der Angreifer nun mit seinem Sprint über die Außenbahn im Dortmunder Stadion und seiner passgenauen Flanke auf Oliver Neuville, der zum 1:0-Endstand einschießt. Der Treffer setzt im ganzen Land eine kollektive

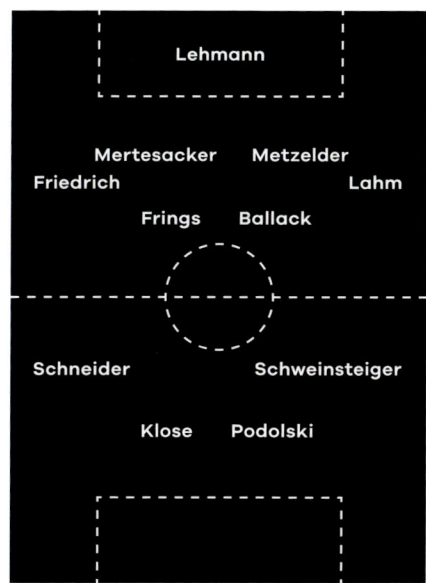

Lehmann

Mertesacker Metzelder
Friedrich   Lahm
Frings   Ballack

Schneider   Schweinsteiger
Klose   Podolski

— **Jens Lehmann** Wurde unsterblich, als er im Shootout gegen Argentinien im Viertelfinale einen Zettel aus dem Schienbeinschoner zog.

— **Arne Friedrich** Gab den Lückenbüßer in der Abwehr, spielte bei der WM 2010 sogar noch besser.

— **Per Mertesacker** Später Arsenals „Big fucking German", 2006 noch cooler, junger Abwehrturm des SV Werder Bremen.

— **Christoph Metzelder** Ruhender Pol mit gutem Auge. Nach der aktiven Karriere leider mit eher düsterem Werdegang.

— **Philipp Lahm** Bester deutscher Fußballer der 2000er und 2010er Jahre. Genial war auch sein Auftakttor gegen Costa Rica.

— **Torsten Frings** Ballacks rechte Hand. Fehlte wegen einer Geldsperre im Halbfinale gegen Italien bitterlichst.

— **Michael Ballack** Der unauffälligste Leitwolf der DFB-Historie erlebte bei der WM 2006 den Höhepunkt seiner seltsam unvollendeten Laufbahn.

— **Bastian Schweinsteiger** Für „Schweini" war die WM 2006 die Ouvertüre einer erfüllten Weltkarriere, die 2019 in Chicago endete.

— **Bernd Schneider** Der wortkarge „Schnix" schlug mit Turbodribblings einen neuartigen Rhythmus im DFB-Team an.

— **Miroslav Klose** Den Saltokönig durfte man nie aus den Augen lassen, wie auch Argentinien leidvoll erfuhr. Nach 2014 erfolgreichster WM-Torschütze aller Zeiten.

— **Lukas Podolski** Gab mit Kumpel „Schweini" als Prinz dem Sommermärchen ein durch und durch positives Gesicht. Und sorgte mit unbändiger Spielfreude für Euphorie auf den Rängen.

Eruption frei. In den Tagen darauf tauchen plötzlich überall schwarz-rot-goldene Fähnchen auf. Das lange gescholtene Team ist wieder der Stolz der Nation und die beiden gut gelaunten und erfrischend aufspielenden Jungprofis „Schweini" und „Poldi" avancieren zum Gesicht eines Weltturniers, das bald als „Sommermärchen" in die Geschichte eingehen soll.

Nun vollzieht sich, was Klinsmann vor Turnierbeginn prophezeit hat: „Wenn wir in dem Glauben an uns ins Turnier gehen und dieser Glaube vom Publikum mitgetragen wird, ist alles möglich. Und wenn an einem ganz besonderen Tag alles optimal läuft, dann können wir vielleicht auch einen Großen schlagen." So geschieht es im Viertelfinale gegen Argentinien, das die deutsche Mannschaft am Ende im Elfmeterschießen für sich entscheidet. Erst gegen Italien im Halbfinale ist der glorreiche Weg zu Ende. Das DFB-Team gibt sich als guter Gastgeber, winkt die Squadra Azzurra zum WM-Titel durch und lässt sich auf der Berliner Fanmeile als „Weltmeister der Herzen" feiern. Klinsmann dankt erschöpft von zwei aufreibenden Reformjahren ab. Co-Trainer Jogi Löw übernimmt, setzt Klinsmanns Weg konsequent fort und vollendet ihn mit Sommermärchen-Stars wie Schweinsteiger, Klose oder Lahm acht Jahre später in Rio de Janeiro. —

Reformator: Klinsmann sorgte für frischen Wind beim DFB – auch mit seinem Vertrauen in den jungen Bastian Schweinsteiger.

Herausgeber	Philipp Köster
Redaktionelle Leitung	Uli Hesse
Artdirektor	Lukas Niehaus
Bildredaktion	Jens Kuiper, Philipp Pernkopf
Grafik	Daniel Ludwig, Viola Kristin Steinberg
Bildbearbeitung	Simon Adrian, Alex Küper
Autoren	Tobias Ahrens, Christoph Biermann, Andreas Bock, Max Dinkelaker, Uli Hesse, Tim Jürgens, Jens Kirschneck, Florian Nussdorfer, Ron Ulrich

Bildnachweise In Kooperation mit Imago Images
Cover: Sven Simon
Vorsatz: Getty Images — S. 6-9 Bert Verhoeff, Eric Koch (2), Rob Mieremet / Nationaal Archief — S. 10-11 VI Images (2) — S. 12-15 Werner Schulze (3), Liedel — S. 16-17 Eintracht Frankfurt Archiv — S. 18-21 Eissner (4), Sven Simon — S. 22-23 FC Porto Archiv — S. 24-27 Werek, Eissner, Colorsport, Liedel, Picture Alliance — S. 28-29 Werek — S. 30-31 Werek, Colorsport, Buzzi — S. 32-33 Getty Images — S. 34-35 Zuma Press (2), Getty Images — S. 36-37 Alessandro Sabattini /Getty Images — S. 38-39 TopFoto (3) — S. 40-41 Horstmüller — S. 42-45 TopFoto, Horstmüller (3), Alternate, Werek — S. 46-47 Reporters — S. 48-49 Belga Archives (2), Reporters — S. 50-51 Sven Simon, Reporters — S. 52-53 Reporters — S. 54-57 Herbert Rudel (2), Colorsport (2), Sven Simon — S. 58-59 Werek — S. 60-61 Colorsport, Svem Simon, Werek — S. 62-63 Horstmüller — S. 64-67 Eissner (4), Ferdi Hartung, Horstmüller — S. 68-69 Colorsport — S. 70-73 Colorsport (5) — S. 74-75 Getty Images — S. 76-77 Picture Alliance (2), Getty Images — S. 78-79 Getty Images — S. 80-81 Stellan Danielsson (2), Getty Images — S. 82-83 Getty Images — S. 84-87 Zuma Press (2), United Archives, Colorsport (2) — S. 88-93 Pressefoto Baumann (2), Werek (2), Eissner, Colorsport — S. 94-95 Picture Alliance — S. 96-97 Norbert Schmidt, Sven Simon, Magic — S. 98-99 VI Images — S. 100-101 Liedel, Buzzi, Sven Simon — S. 102-103 Pro Shots (2), VI Images — S. 104-105 Picture Alliance — S. 106-107 Werek (2), Colorsport — S. 108-109 Baering (2), Sven Simon — S. 110-111 Archiv Schalke 04 — S. 112-115 Horstmüller (6) — S. 116-117 Pfeil — S. 118-121 Werek (2), Liedel (2), Eissner, Horstmüller — S. 122-125 Werek (4) — S. 126-131 Aflosport (4), Getty Images (2) — S. 132-133 Werek — S. 134-137 Ferdi Hartung (2), Werek, Colorsport, Sven Simon — S. 138-139 Werek — S. 140-141 Herbert Rudel, Horstmüller, Pavel Kho — S. 142-143 Picture Alliance — S. 144-145 Picture Alliance, Ullstein Bild, Frinke — S. 146-149 Pfeil, Werek (2) — S. 150-153 Richard Sellers, Laci Perenyi (2), Panormaic — S. 154-155 Hochzwei — S. 156-159 Ulmer (2), Pressefoto Baumann, Laci Perenyi, HJS, Sammy Minkoff — Nachsatz: Horstmüller

Druck und Bindung Druckerei APPL – aprinta druck, Wemding
ISBN 978-3-667-12219-3

Im Buchhandelsvertrieb:
Delius Klasing Verlag GmbH & Co. KG, Bielefeld
www.delius-klasing.de